若い英語教師のための：教材研究入門

小橋 雅彦

大学教育出版

は じ め に

　今から半世紀ほど前に，指導の基本技術に再検討を加える目的で執筆された著書の中で，田崎（1969）は基本的な指導技術の貧弱さに触れ，以下のように指摘しています。この状況は約50年を経た今も変わらぬように感じられます。

　　おまけに1度1人前の教師としてスタートしたが最後，誰も本気で苦言を呈してくれる人はいない。しかも基本的な指導技術の不足をかこって参考書を探しても，そういうことにふれたものが案外見当たらない。（略）これはひとつには，「技術」を「小手先のことがら」として次元の低いものと考えがちな傾向にあることと，もうひとつには，技術があまりにも日常茶飯事のことなので，当然分かりきったこととしてふりかえらぬことにその原因があると思われる。
　（田崎清忠（1969）『英語指導技術　理論と実践』大修館書店，「序」より）

　本書はこれから英語教育に携わろうとしている英語教師志望者，日々実践を重ねながら積極的に授業改善に臨んでいる若い英語教師を読者として想定し執筆しました。主な内容は，これまでの筆者の教育実践をもとにしながら，授業を構築する際の要となる「教材研究」の方法について，教科書にある英文を例にとり，「実践」と結びつけながら具体的に解説しました。

　執筆の最大の理由は，学習指導案に記される「単元観（指導を行うためにその単元を選択した理由）」や「指導観（その単元で行うのに適切であると判断した指導）」と，実際に行われる授業内容との乖離を研究授業や公開授業を通して感じることが多かったからです。

　昨今は，新しい学習指導要領の実施にあたり，「アクティブ・ラーニング」「主体的・対話的で深い学び」などのキーワードに触れることが多く，書店においてもこれらのキーワードを含む関連書籍を多く見かけます。熱心な教師ほどこうした教育の流れに敏感で，英語教師を対象とした様々な研修会に参加したり，新刊書で気になる書籍があれば購入したりと自己の研鑽にいそしんでいます。しかしながら，「明日から使える」「絶対成功する」などの刺激的な言葉

とは裏腹に，実際に自分の授業で応用してみても思い描いたような授業にはならず，自信を失ってしまうようなことがあるのではないでしょうか。

　もちろん，著者の指導履歴という文脈を無視して，指導技術だけを盗もうとしても無理があり，授業が空回りしてしまうのは止む無しなのです。しかし，原因はそれだけでしょうか。指導履歴までをまねできなかったことが問題なのでしょうか。

　実は，優れた教育実践の背景には必ずしっかりとした「教材研究」があります。授業の良し悪しは，学習指導案の「単元観」「指導観」「生徒観」を読めば分かります。それらは実践の背景にある指導の履歴や教材研究の深さを写す鏡なのです。

　筆者が「教材研究」という言葉を初めて耳にしたのは，大学で教科教育法を学んだ時でした。そして，大学の附属学校における教育実習では「教材研究」の奥深さと面白さを学び，その後附属学校に指導者として赴任してからは，多くの教育実習生と接する中で「教材研究」の大切さについて改めて学ぶことができました。

　「教材研究」は授業の奥行を左右します。「教材研究」が深まれば，生徒の学習も深まります。これからの英語教育を支えていく方たちにとって本書が少しでも役に立つのであれば，これに代わる喜びはありません。

2021年4月

著　者

若い英語教師のための教材研究入門

目　次

はじめに ……………………………………………………………… *i*

第1章「教材研究」とは何か …………………………………… *1*
 1.「教材の吟味」と「教材の解釈」そして「指導方法の検討」………… *1*
  1.1.「過去進行形」をどう指導するか？ *1*
  1.2.「やり取り」のモデルとして教科書を検討する *7*
  1.3.「予習」と「教材研究」 *10*
 2. 学習指導案の「単元観」「生徒観」「指導観」には何を書くのか …… *16*
 3. まとめ ……………………………………………………… *20*

 コラム① 「まあ，こんなもんかいのぅ」 …………………………… *23*

第2章「発問」とは何か ……………………………………… *25*
 1.「発問」と「質問」………………………………………………… *26*
 2. 英語リーディング指導における「発問」のタイプ ………………… *28*
  2.1.“Display Questions”と“Referential Questions” *28*
  2.2. 生徒が主体的に教材に向かうために *31*
 3.「ごんぎつね」の授業実践に学ぶ
  「教材研究の在り方」と「発問」づくり ………………………… *34*
 4. まとめ ……………………………………………………… *38*

 コラム② 「学習指導案」は盛らない
  ―目の前の生徒が見えていますか？― …………………… *41*

第3章　教材の吟味―テキストタイプ― …………………… *43*
 1. 学習指導要領が示すテキストと言語活動 ………………………… *44*
 2. 複数の領域を統合する理由 ……………………………………… *48*
 3. テキストタイプ ……………………………………………… *52*
 4. テキストタイプに応じた領域を統合した指導の計画 ……………… *54*
 5. まとめ ……………………………………………………… *58*

 コラム③　「主体的に学習に取り組む態度」の「主体的に」の意味 …… *59*

第4章「指導目標」の設定と「指導計画」の作成 ………… *61*
 1. 指導目標 …………………………………………………… *61*
 2. 言語活動と指導の区別 …………………………………………… *63*
 3. 指導目標の設定 ……………………………………………… *65*
 4. 指導計画作成上の留意点 ………………………………………… *71*
 5. まとめ ……………………………………………………… *73*

　　コラム④　「目標」と「責任」 ……………………………… *79*

第5章　説明文の指導 ……………………………………… *81*
　1．どんな力をつけるのか …………………………………… *82*
　2．説明文の視点①— Topic, Topic Sentence & Main Idea — ………… *83*
　　2.1．Topic　*83*
　　2.2．Topic Sentence & Main Idea　*85*
　3．説明文の視点②—段落（Paragraph）の構造— ……… *88*
　4．まとめ …………………………………………………… *93*

　　コラム⑤　教師の授業参観は教室前方から ……………… *96*

第6章　説明文を用いた指導の実際 ………………………… *99*
　1．Pre-reading 活動の指導例—事前の語彙指導— …………… *100*
　2．While-reading 活動の指導例—形式の指導，内容の指導—………… *105*
　　2.1．形式の指導—テキスト構造の把握—　*105*
　　2.2．内容の指導—タイトルを考える—　*109*
　3．Post-reading 活動の指導例—要約の指導— ……………… *113*

　　コラム⑥　『裾を持ちなさい』……………………………… *117*

第7章　物語文の指導 ………………………………………… *119*
　1．目標—「何ができるようになる」か— ………………… *119*
　2．物語文の構造—「物語文法」— ………………………… *122*
　3．物語文の分析—「ごんぎつね」の例— ………………… *124*
　4．物語文法の活用 ………………………………………… *126*

　　コラム⑦　『REX派遣—授業は日本語で行うことを基本とする—』… *129*

第8章　物語文を用いた指導の実際 ………………………… *131*
　1．「概要を把握する」は「だいたい理解する」ということではない… *131*
　2．「調弦（チューニング）」をする ………………………… *133*
　3．「勘所」を押さえる ……………………………………… *138*
　4．「勘所」を探る …………………………………………… *143*

　　コラム⑧　『Visual Thinking Strategies (VTS)』 ……………… *147*

おわりに ……………………………………………………… *149*

第1章

「教材研究」とは何か

この章では，自分の学習経験や実際に行っている授業を振り返り，次の2つのことについて考えていきます。
1. 「教材の吟味」と「教材の解釈」そして「指導方法の検討」
2. 学習指導案の「単元観」「生徒観」「指導観」には何を書くのか
3. まとめ

Warm-up

中学生，高校生の時に受けた授業または自分が普段行っている授業を振り返り，1時間の主な指導の内容と流れを簡単にまとめてください。併せて，その指導の流れの中で教科書がどのように位置づけられていたかを考察してください。

1.「教材の吟味」と「教材の解釈」そして「指導方法の検討」

教材研究とは，教科書教材を含む**「教材の吟味」**と**「教材の解釈」**，その単元を学習することによって生徒に身につけさせる「言語能力」をゴールとした**「目標設定」**，そしてその目標を達成させるための**「指導方法の検討」**のことです。

1.1.「過去進行形」をどう指導するか？

ではまず「教材の吟味」と「教材の解釈」とはどのようなことを言うのか，中学校の教材を例に考えてみましょう。

2

教材：Lesson 7 "Wheelchair Basketball", *NEW CROWN English Series 1*, pp.116-117. 三省堂

GET Part 2　マークがジンに電話をかけています。

Mark: I missed your phone call.　What's up?

Jing: I had a problem with my homework, but I worked it out.

Mark: Sorry.　I was at the sports center.　I was playing wheelchair basketball.

Jing: Sounds like fun.　How was it?

Mark: It was great.　You can come next time.

Q & A　Why did Mark miss Jing's phone call?

このパートの言語材料は次のように本文下に示されています。

POINT

I am watching TV now.

I **was watching** TV then.（nowとthenに注目して，2つの文を比べよう。）

このパートにおいては，本文中の "I was playing wheelchair basketball." と，このパートで学習する基本文 "I was watching TV then." の「過去進行形」の習得がターゲットであることはすぐに分かります。すると，指導者はどうしてもそちらばかりに気を取られ，自分の学習経験をもとにして，おもに次のような指導手順を思い浮かべてしまうのではないでしょうか。

---

① 「過去進行形」の形式の理解
② 教科書に示されているドリル練習
③ 説明された形式を用いた英作文
④ "What were you doing?" という問いかけに対して "I was ～ing." と応答する会話練習

それでは，これらの指導手順だけで「過去進行形」の用法を「適切に」習得

することができるかどうかを考えてみましょう。

　たしかに，「過去進行形」は既習事項である「現在進行形」の復習[1] から行えば，直前にbe動詞の過去形を学習していますので，文法規則の習得という側面から形式操作の手順を理解させることにさほど困難はないでしょうし，生徒にとってもそれほど大きな負担とはならないでしょう。しかしながら，「過去進行形」の形式操作の習得だけで適切な言語使用が期待できるでしょうか。

　ここが，**「教材の吟味」**への入り口となります。このことを分かりやすく理解するために，「外国語習得の大まかなプロセス」（根岸，2014，pp.13-15）を紹介しておきます。根岸は次のように言語習得の段階を説明しています。

「外国語習得の大まかなプロセス」
1．**わかる段階**
2．**使える段階**
3．**使う段階**

　「わかる段階」というのは，文法規則を理解する段階です。先ほどの例で言うと，「進行形」においてbe動詞の過去形を用いることで「過去進行形」の形を理解する段階です。次に，「使える段階」というのは，その規則通りに文法上正確な英文を作ることです。主語が複数であれば，be動詞はwereを用いるなどして規則を正しく運用する段階です。そして「使う段階」とは，そのようにして習得した技能（運用能力）を，使う目的や状況を自分で判断しその知識を引き出し活用して，話したり書いたりする段階です。

　もちろん，第二言語習得の過程がこのようにあっさりと3等分され，境界がはっきりとしているわけではありませんが，「指導」と「言語活動」を考える視点に立てば，この概念は教材研究をする上で大きな役割を果たしてくれます。本書ではこの概念をもとに「発問」「評価の枠組み」などの整理も試みようと思います。

　さて，話を先ほどの「過去進行形」に戻します。

1）この教科書では，Lesson 5で「現在進行形」，Lesson 6で「過去形」，Lesson 7 (Part 1) で「be動詞の過去形」を扱っている。

教材を概観して思い浮かんだ①〜④の指導手順が誤っているという訳では決してありませんが,「言語活動」という側面からは課題が見えてきます。これらの指導を先ほどの3つの段階に対応させるとその理由が分かります。

---

① 「過去進行形」の形式の理解　⇒　「**わかる段階**」

② 教科書に示されているドリル練習　⇒　「**使える段階**」

③ 説明された形式を用いた英作文　⇒　「**使える段階**」

④ "What were you doing?" という問いかけに対して "I was 〜ing." と応答する会話練習　⇒　「**使える段階**」

「使える段階」と「使う段階」は異なります。「言語規則の**正確な**運用の段階」と「言語規則の**適切な**運用の段階」と言い換えてもよいのですが,「使える段階」と「使う段階」は学習指導要領には,次のように表されていると考えることができます。(下線,引用者)

中学校学習指導要領　外国語編

第2章　第2節　3　指導計画の作成と内容の取扱い

ウ　実際に英語を使用して互いの考えや気持ちを伝え合うなどの<u>言語活動</u>を行う際は,2の(1)に示す言語材料について理解したり練習したりするための<u>指導</u>を必要に応じて行うこと。(略)

つまり,指導手順①〜④で行っているのは「言語材料について理解したり練習したりするための指導」であり,「言語活動」ではないということが分かります。

教材研究は「指導方法の検討」まで見通すことを意味しますが,この「指導方法の検討」に「言語活動」を含めているかどうかで,教材研究の質は大いに異なってきます。では,「言語活動」を視野に入れ,「過去進行形」の「適切な運用能力」を身につけさせるためには,「教材の吟味」をどのように深めていけばよいのでしょうか。

そのためにはまず,「過去進行形」がどのような状況で使われるのかを指導者は理解しておく必要があります。例えば,「過去進行形」の用法は

"*Practical English Usage*" (PEU)[2] では次のように説明されています。

USE: What were you doing at eight o'clock?

We use the past progressive to say that something was in progress (going on) around a particular past time.

past progressive: things happening around a past time

（出典）PEU. Grammar, Section 5, 45 past progressive

　ここでは，「過去進行形」の用法を「過去の一時点」を基準にして何をしていたかを表す用法としてまず紹介しています。そして，"around a past time"（過去の一時点の**前後**）であることがポイントです。ここを理解できていなければ，"What were you doing at eight o'clock?" --- "I watched TV." などの対話が指導手順④で多く発生する原因となります。

　教科書に掲載されているActivityでは，「昨日の夜9時にしていたことについて，ペアで話そう」という指示文と，

　"*A:* At nine last night, I was taking a bath.　What were you doing at that time, Taku?"

　"*B:* Well, I was sleeping at nine."

という例が示されています。これにならって，下線部を入れかえながらペアで話し合いなさいという活動です。

　「過去進行形」の形式の習得を目的としたトレーニングとしては，このようなPattern Practiceはたしかに有効です。しかしながら，このActivityは「過去の一時点（時刻）を起点としてその前後にしていたこと」を表すFormの練

2）PEU: Swan, M. (2016). *Practical English Usage, Fourth Edition.* Oxford Universit Press.
　著者のMichael Swanは*English Language Teaching Blog* (Oxford University Press) の中で執筆のいきさつを次のように述べている。"PEU started as a card index with explanations and examples of typical problem points, based on my experience of students' difficulties. I created this primarily for new teachers at the school where I worked, who often had trouble dealing with their students' mistakes and questions." 英語教師必携の一冊である。

6

習にはなりますが，与えられた形式に合わせて話し合っているに過ぎず，「過去進行形」の意味を実感していないかもしれません。一方で，本文には練習で行ったような時刻が示されない状況で「過去進行形」が使用されていますので，活用の仕方にとまどう生徒がいるかもしれません。

そこで，この指導と本文をつなぐためにPEUの次の説明をみてください。

---

past progressive and simple past: 'background' events

We often use the past progressive together with a simple past tense. The past progressive refers to a longer 'background' action or situation; the simple past refers to a shorter action or event that happened in the middle of the longer action, or that interrupted it.

（出典）PEU. Grammar, Section 5, 45 past progressive

非常に分かりやすい説明です。要するに，2つの事柄が同時に起こっている状況で，より長く「背景」となっている方を「過去進行形」にし，その状況に割って入る方を「過去形」にするということです。

このパートの教材研究はここから始まります。では，このことを理解した上で教材の次の部分に注目してください。

I missed your phone call. I was playing wheelchair basketball.

これらの2つの文はマークがジンとの「やり取り」の中で自分の動作について説明している部分です。PEUの説明に従えば，"I was playing wheelchair basketball." が "I missed your phone call." の「背景」を表していることが理解できます。加えて，「同時」を表す時には，継続して長く起こっていた方を過去進行形にするということを理解しておけば，2年生で接続詞 "when" を習得した際に，"When I missed your phone call, I was playing wheelchair basketball." のような形式処理をさせることが容易になると考えられます。ここまでは，「使える段階」での指導です。

そして，「過去進行形」の使用を条件としない状況でも，学習者が適切に判断

して「過去進行形」を選択して意味を伝えようとする段階が「使う段階」です。
「過去進行形」の使用が必然となるようなタスクを準備して学習者に与え，評
価をする必要があります。その際に，単文か複文かも学習者の判断となりますか
ら，同じタスクであっても複文を学習した後では，複文を使用できるようになっ
ているかどうかも「使用する文構造」の観点から評価できるようになります。

1.2.「やり取り」のモデルとして教科書を検討する

　前項では「過去進行形」を例に取り，言語規則（文法）の指導における教材
研究の視点について述べました。ここでは，教材研究の視点を言語規則以外に
移してみましょう。

　教科書には指導のポイントとなる文法事項（言語材料）が明示されています
ので，どうしてもそちらへ注意が向かいがちで，そうなると言語材料の習得と
定着に偏った教材研究で終わってしまいます。しかしながら，少し視点を変え
ることで教材を別の側面から活用できることに気づくことがあります。ここで
は，テキストの「談話構造」に目を向けてみましょう。

　このパートはマークとジンの対話で構成されており，ジンの電話に出られな
かったマークがかけ直すところから「やり取り」が始まっています。車いすバ
スケをしていて電話に出られなかったことがマークがジンに伝えたい要点であ
り，情報構造の面からみても一貫性のある分かりやすい「やり取り」になって
います。そして，Q&Aで "Why did Mark miss Jing's phone call?" となぜ
問うのかを考えることが談話構造からの教材研究の視点となります。そうした
視点を理解するために，次の会話を見てください。

　A: That's the telephone.
　B: I'm in the bath.
　A: O.K.

　これは「一貫性（coherence）」を説明するのによく引用される有名な会話
です。（Widdowson, 1978, p.29）この会話においては，文と文との間にはっ
きりと示されたつながり（結束性）を確認することができないにもかかわらず，

この会話に私たちは意味を見いだし理解することができます。つまり，私たちは行間を埋めながらつながりを推し測り，「やり取り」を行うということを示している例です。私たちはこの会話に「依頼」「弁明」「了解」という話し手の意図を読み取ることで会話が成立しているのです。この会話に明示的に結束性を持たせたものは次のように示されています。

A: That's the telephone. (Can you answer it, please?)
B: (No, I can't answer it because) I'm in the bath.
A: O.K. (I'll answer it.)

補った部分を私たちは推し測って「やり取り」を進めるのですが，例に挙げた教材において，Q&Aの問いは，マークが電話に出られなかった理由を推し測って会話の一貫性を理解しているかどうかを問う質問なのです。

また，このような談話構造の分析に加えて，談話を成立させている要素に目を向けることも必要です。そうすることで，「やり取り」のモデルとして活用することが期待できるからです。

従来の学習指導要領では，4技能（聞くこと，読むこと，話すこと，書くこと）ごとのまとまりという形で示されていた言語活動が，新しい学習指導要領では互いの考えや気持ちなどを伝え合う対話的な言語活動を一層重視する観点から，CEFR[3]を参考に「話すこと」を〔発表〕と〔やり取り〕に分け，合計5領域でそれぞれ目標と言語活動が整理されて示されています。

学習指導要領で〔やり取り〕が「話すこと」の枝分かれとして示されていることから，新たな技能ではないことが分かりますが，どうして今さら〔やり取

3）CEFR: Common European Framework of Reference for Languages: Learning, teaching, assessment 外国語の学習・教授・評価のためのヨーロッパ共通参照枠
　　2001年にCouncil of Europe（欧州評議会）が20年以上にわたる研究の後発表したもの。この参照枠は欧州のみならず世界の多くで利用されており，英語使用者の熟達度を大きくA (Basic User), B (Independent User), C(Mastery User)の3つに区分し，それぞれを更に2分割（A1, A2, B1, B2, C1, C2）した6つのレベルから構成されている。また，CEFRに準拠しながら日本の英語教育の枠組みに適応したCEFR-J（Pre-A1を追加設定すると同時にA, BにおけるレベルをCEFRよりもさらに枝分かれさせている）が2012年に一般公開されている。なお，*CEFR Companion Volume with New Descriptors*（能力記述文の追加やPre-A1の設定が見られる）が2018年に発表されている。

り〕なのでしょう？

　学習指導要領は現場からの調査で得られたデータから「課題」を掘り起こし，その「課題」を解決する方向で改訂されていきます。今回〔やり取り〕が新たに領域として設定されたのは，CEFRを参考にしたということもありますが，「相手の理解を確かめながら話したり，相手がいったことを共感的に受け止める言葉を返しながら聞いたり」して対話を「継続」させる指導，すなわち「聞き手」を育てる指導に課題があったと考えることができます。ところが，スピーキング活動の一つとしての「やり取り」の指導には，確立した特効薬のようなものは現在ありません。まさに，これから様々な指導の工夫改善が必要とされている領域なのです。

　さて，ここでもう一度ジンの発言（太字の部分）の機能に注目して読んでみてください。

Mark: I missed your phone call. What's up?

Jing: I had a problem with my homework, but I worked it out.

Mark: Sorry. I was at the sports center. I was playing wheelchair basketball.

Jing: **Sounds like fun. How was it?**

Mark: It was great. You can come next time.

　この会話では要件はすでにジンの発話（太字の部分）の前で終わっています。しかしながら，ジンがマークの話題に"Sounds like fun"（定型表現）で反応し，"How was it?"とさらにマークから発話を引き出そうとすることで会話が円滑に継続されているのです。

　このように「やり取り」を継続させるフレーズを談話機能として練習させることで，単に「1分間会話を継続させなさい」といった継続時間だけが目標になるよりも，「やり取り」には一定の形があるということを理解させることにつながるのではないでしょうか。

　また，そうして「やり取り」を継続する「すべ」を練習した後で，自分がジンならばこの「やり取り」をどのような発言で終わらせるかを考える教材に発

展させることもできます。

1.3.「予習」と「教材研究」

　まず，教師の行う「教材研究」は生徒が行う「予習」とどのように違うのか
を考えてみましょう。特に予習が前提とされていた高校時代の学習サイクルを
思い浮かべてください。

　そもそも，授業の前に生徒が行う「予習」と教師が行う「教材研究」はその
本質がまったく異なります。よく見られる例として，生徒がこれから学習する
単元の新出単語の意味や品詞を調べ，本文を日本語に直すなどしてあらかじめ
内容を理解してくることを予習であると仮定してみます。そして，授業では内
容を正しく理解しているかどうかを確認するために，日本語訳を述べさせて文
法的な説明を加えたり，代名詞などの指示語が示している内容を答えさせたり
して，内容理解を確認する活動が主な授業内容になるとすれば，教師は「本文
の内容理解」と「言語材料の習得」を単元の主たる学習到達目標として設定し
ていたと推測できます。これでは，生徒も教師も日本語を介して英文の内容を
理解することに注力しているに過ぎず，授業は未習の文法事項を含む英文をど
こまで日本語に直せたかを確認する作業が中心であるということです。誤解の
ないように言っておきますが，「和訳」を排除せよなどと主張したいのではあ
りません。英語と日本語のように言語が遠く離れている場合には，日本語に直
す過程でいろいろな「気づき」が生まれることもありますから，「和訳」にも
使いようによっては利点も生まれます。

　よくある「和訳」擁護論として，「和訳は英文の正確な理解を促すために不
可欠ではないか」というものがあります。たしかに，英文を理解するのに母語
を介入して理解してはいけないと考えるのも極論であり，母語による思考が英
文の深い理解に寄与する側面は決して否定しません。しかし大事なのは，母語
は思考のツールとして扱うことであって，英文を日本語に置き換えることその
ものがテキストの的確な理解を担保しているとは言えないことです。このこと
は，まとまりのある英文を日本語で要約させてみれば分かります。「要約」に
は，ある特定の情報にアクセスできない第三者にその情報の持つ価値を的確に

伝えることができる「仲介」の機能を持っています。そのためには，仲介者がアクセスした情報から重要な部分を抽出し，整理し，第三者に分かりやすく論理的に伝達することが必要です。「和訳」は「要約して分かりやすく伝える」という一連のコミュニケーションの過程において必要な部分であることは否定できませんが，十分ではないのです。

　タスクとしての要約については後で詳しく扱いますが，まず対象となる英文が伝える内容を完全に理解していないとできません。大雑把な理解では要約文は書けません。

　このことにもまた，「それならば，日本語に直しながら内容理解を深め，英文の内容が正確に理解できれば，結果的には同じではないか」という反論も考えられます。もっともな反論です。ただし，それが「英語で書かれた内容を日本語で正確に理解すること」が最終目標であるならばの話です。英語科で身につけるべき資質・能力の中で，中心となるものは「言語能力の向上」です。英語には英語固有の思考の方法があります。日本人が英語で考えや意見を表現するとき，どうしても母語による思考方法の干渉は避けられません。であるとすれば，学習者に対してできるだけ英語によるインプットの機会，つまり学習者に良質な英文に触れる機会をできるだけ多く与えることは，常に英語固有の思考に触れながら英文を理解するためには極めて必要なことなのではないでしょうか。

　このことについて，白井（2008）は文法訳読式がなかなか英語教育の現場からなくならない状況に触れて，以下のように言及しています。

　　　よって，現状では使える英語力を身につけるという目標を達成するには，インプットの量が不足しています。日本語に訳してからその日本語を読んで意味をとる，というのは，自然な言語習得に必要な「インプットを理解する」という機会を学習者から奪っていることになるのです。(p.134)

　平成21年に改訂された高等学校学習指導要領では，「授業は英語で行うことを基本とする」ことが明記され当時メディア等で話題となりました。また，「英語で行われる授業」についていろいろな議論がなされたことは記憶に新し

いと思います。まったく日本語を使ってはいけないとは記されていなかったのですが，当初は指導者の使用言語のみが議論の焦点になってしまいました。

　筆者の立場は当初より英語の学習やその指導における日本語使用を「百害あって一利無し」とは見なしてはいませんでしたし，そのことは自分の多くの実践に反映してきました。例えて言うならば，日本語は主役を引き立てる名脇役であるという視点で捉えていました。「英語授業における有用な日本語使用」についての議論はいつ盛り上がるのだろうかとのんきに構えているうちに，学習指導要領は改訂の時期を迎えてしまいました。筆者の知る限り，第一線で優れた実践を展開する指導者には「日本語使用アレルギー」は一切なく，「日本語過剰投与」もありません。そのような授業には，"Use English whenever possible. Use Japanese whenever necessary."のフィロソフィーが色濃く反映されています。機会があれば，優れた実践を参観し，"possible"と"necessary"の意味を自分の目で確かめられることを強くお勧めします。

　さて，ここからは具体的に生徒によく与えられる予習プリントの一部を例に取り，そこに見られる問題点を取りあげて「教材研究」が生徒の予習にいかに深く関与しているか考えてみましょう。

　筆者は，中学校と高等学校の授業を併せて行った経験があります。単元にもよりますが，おおよそ中学校では復習を中心として，高等学校では予習に重点を置いて家庭学習の指示を与えることが多くありました。ここでは高等学校で行われている予習に焦点を当てて考察してみます。

　表1は，留学生として来日したCharles E. McJiltonさんが，貧困に苦しむ人々の状況を目の当たりにして，日本で最初のFood BankであるSecond Harvest Japanを設立した経緯を通して，支援のあり方を考える単元をもとに筆者が作成したものです。

　これに類する表は英語の予習プリントの一部としてよく目にしたことがあるものではないでしょうか。また，予習プリントでは，このような単語リストに加えて授業で扱う本文を掲載している例をよく見かけます。そして，部分的な和訳を予習として記入させることが多いようです。

表1　Lesson 5 "Food Bank" Part 1, *CROWN English Communication I New Edition* より作成

単語	品詞	意味	単語	品詞	意味
surplus			center		
harvest			tool		
day laborer			missing		
economy			knowledge		
alcoholic			homeless		
self-help			lack		

　多くの生徒はこのようなプリントが配付されると，教科書から離れて，辞書を使い表を完成させ始めます。次に，日本語訳が示されている部分と英文を交互に読み進め，完成した単語リストは英文の意味内容を理解するための参考になるにしても，情報構造に注意を払ったり要点を捉えたりしようとすることはなく，空欄に日本語を何とか補う作業に力を注ぎます。授業では，新出単語をモデル音声や教師の後に続いてリピートし，文法・語法の説明を聞きながら自分の日本語訳でよかったかどうかをチェックして英文の読解作業は終了します。

　これが従来批判の的になってきた文法訳読式と言われてきた授業です。実際，そのような授業はもはや時代遅れであって，今は言語活動を主体とした授業が展開されているのが現状であるという声を聞こえてきそうですが，大学新入生に「中・高で受けた授業で，記憶に残っている主な指導をあげなさい」という質問をすれば，この文法訳読式が主な指導の大半を占めていたという回答が返ってくるのが現実です。

　もう一度誤解のないようにしておきますが，「和訳」そのものを問題視しているわけではありません。広く，日本語使用から距離を置いた方がよいと極論を述べているわけでもありません。では一体何が，どのように問題となるのでしょう。単なる英文和訳と和訳を取り入れた英文の理解では，上らせている山に違いがあるような気がします。最後にそこを確認しておきましょう。

　通例，まとまりのあるパラグラフは複数の文で構成され，文は複数の単語から構成されています。先ほど紹介したような予習プリントは新出語だけでなく未知語を含めて，単語調べさえ済ませてしまえば，予習は何とか終えられるレベルです。もしも，教師の生徒の予習に対する要求レベルがその程度であるとすれば，せっかく教師が授業でパラグラフの要点や段落構成を問う発問や，要約による理解度を問うような授業展開を準備したとしても，予習と授業の乖離が生じてしまい，予習が原動力となって授業中の学習活動に大きく弾みをつけるダイナミックな展開を期待できるでしょうか。

　もっとも，家庭での学習習慣の確立を第一の目標にするのであれば，予習プリントについて質的に考察する必要はこれ以上ないのですが，教師が「言語能力の向上」と「思考力の伸長」を目標とし時間をかけて「教材研究」に取り組むのであれば，生徒の予習の在り方も授業に大きな役割を担っていることを忘れてはなりません。授業は予習のさせ方から始まっていると考えてよいと思います。単元の計画を練るときに，家でできることと学校でしかできないことを教師が綿密な計画のもとで仕分ける必要がありそうです。

　またここで誤解があるといけないのですが，単語の意味を調べさせること自体が悪いと述べているわけではありません。豊かな語彙力は読解能力の伸長に大いに寄与することは明らかなことです。また，和訳がいけないということでもありません。和訳によって気づきが生まれ，思考を揺さぶるのであれば和訳も使い方次第ということになります。このことについては，伊東（2016）の指摘が英文を単に日本語に置きかえるだけの予習における問題点を明らかにしています。

　　　実は，日本人英語学習者による英文理解にとって一番の問題は，考えることの放棄にあると考えられます。英文を一応日本語に置き換えることができただけで満足感・達成感を覚え，自分の当面の解釈（あるいは和訳）が本当に正確かどうか，振り返ろうともしないのです。(p.11)

　伊東（2016）は，和訳を「英語の表現形式や文構造への気づきを促す効率的なフォーカス・オン・フォームの活動」として捉え直しています（pp.142-

145）。このことは和訳にもう一度光を当て直し，これまでの和訳を中心とした指導のどこがいけなかったのか，何が足りなかったのかなどの省察を促し，英語指導における適切な日本語使用のあり方という観点からも今後大いに議論が期待されるところです。どうもこれまでの英語教育改革の流れは和訳が元凶であると断罪し，封じ込めてしまった感じがします。

　もう一つの問題点は，予習として単語リストを完成させる際に生じます。しばしば教師は単語の意味を調べさせるときに，「まず辞書を使わないで本文を読み，新出語は前後の文脈からその意味を推測して，その後辞書で確認するようにしなさい」という指示を与えます。一見この指示自体に問題はなさそうに思われます。たしかに，私たちは日本語で文章を読む際に未知語や馴染みのない語についてはそのような処理をして読み進めています。しかし，これは母語であるからそのような処理が行えるのです。伊東（2016）はこのことにも触れ，次のように述べています。

　　　英文を正確に理解するためには，個々の英単語の語義だけでなく，それらの単語が組み込まれている英文の基本構造に基づく推測が必要です。その意味で，思いつきに基づく「推測」（guessing）と根拠に基づく「推論」（inferencing）を明確に区別する必要があると思います。正確な英文理解にとって必要なのは間違いなく後者です。(p.4)（下線，引用者）

　日頃教師が予習の段階で与えている未知語の処理が『根拠に基づく「推論」』ではなく，『思いつきに基づく「推測」』を求めているに過ぎないとするならば，予習の過程で生徒に多くの気づきを期待することは難しいのではないかと考えられます。

　では，どのようにすれば機械的で作業的な予習を授業内の活動と有機的に関連づけることができるのでしょうか。そのカギを握るのは教師による「教材研究」なのです。実は，予習という周辺的にあると思われる学習も，教師の行う「教材研究」の延長線上にあります。予習とは，学習者に対して常に思考力を要求しながら教材に独力で（主体的に）立ち向かわせる教師の指導の一部であると捉えておくことが大切です。なお，具体的な語彙の予習のさせ方について

は，第6章「説明文の指導の実際」において扱っています。

　ここまで，**和訳**と**未知語の推測**を例に挙げてこれまでの予習のあり方を考察してきました。予習の質を向上させるためには「教材研究」の質を高める必要があることも述べました。意地悪な見方ですが，生徒が行っている予習を知れば，教師の行っている「教材研究」の深さが授業を観なくても分かります。では，予習以外に教師の行う「教材研究」の中味をうかがい知ることができるものはないのでしょうか。次の項ではその手がかりを求めて学習指導案を取りあげてみようと思います。

2．学習指導案の「単元観」「生徒観」「指導観」には　　何を書くのか

　研究授業や公開授業では，授業の前に用意された学習指導案に参観者は目を通します。学習指導案が提供する情報を手掛かりに，授業の構成や授業者のねらいを理解しながら，自分の授業と比較しつつできるだけ多くのことを吸収しようと期待します。

　研究授業で指導者が作成する学習指導案は，様式に定型のものはありませんが，含める内容はだいたい決まっています。指導する単元名や単元の目標を記した後で，

① 単元観
② 生徒観
③ 指導観

を述べ，続いて単元における評価規準，単元の指導と評価の計画，本時の目標，本時案で構成されることが多いようです。これらの項目は，学習指導案を作成された方なら分かるのですが，意外とやっかいな項目です。慣れないうちは何をどのように書いてよいのかが分からないのです。誰しも単元観，生徒観，指導観に時間をかけるよりも，授業の内容を具体的に記述する本時案に力を入れ

たいのです。その気持ちはよく分かります。しかしながら，実はここの部分が「教材研究」との結びつきが極めて大きいことが事実なのです。では，これらの項目には何を記述すればよいのでしょうか。

　具体例を考える前に，これらの３つの項目を分かりやすくシェフが料理を作る際の思考プロセスにたとえてみます。ここで紹介するシェフ（教師）は，どんな料理でもこなせる万能シェフです。まず，「①単元観」は料理に使う「具材」です。シェフは野菜，肉，魚など目の前にある材料をどのような料理に仕上げるのか，和食，洋食，中華などのどんな料理に向いているのかを考えます。その料理の方向性を決めてくれるヒントは学習指導要領における５領域の目標や言語活動にあります。作る料理が決まったら，それぞれの具材（言語材料を含めて単元内容のすべて）が目標とする料理を作るのに，どのように適しているのかを述べられます。このように，「①単元観」ではシェフが目の前に並んだ具材をじっと眺め最終的にお客に提供する料理を頭に思い浮かべて料理法を考えているのです。もちろん，作りたい料理があって，それに適した具材を仕入れることもあります。お客と調理法も考慮しつつ，シェフが行うプロの行う下ごしらえ（教材研究）を「単元観」は反映しているのです。

　次に「②生徒観」です。料理を作ってから提供する相手を選ぶのではありませんから，具材選びの段階ですでに考慮していることなのですが，ここでは料理を提供する相手はどのような客なのかという内容が述べられます。具材の違いが分かるレベルの客であるのか，一般的な和食を提供すればよい客であるのかといった，客（生徒）の料理（指導や言語活動）に対する習熟の具合が述べられます。

　最後に「③指導観」です。シェフが作る料理のレシピです。具材（単元の内容）についてはすでに述べていますから，ここではその具材にどのようなアレンジを加えて料理へと仕上げていくか，調理過程（指導過程）で注意するポイントは何か，なぜそのような調理法（指導）にするのかなどの重要な点を述べます。

　ではここで，たとえを実際の学習指導案へと話を戻しましょう。先に「②生徒観」について触れておきます。②は，単に「素朴で明るい生徒が多い」「○○が苦手である」などのような一般的な生徒の姿を述べるのではなく，単元の

目標との関わりの中で捉えることが重要となります。つまり，生徒が単元の目標に到達するのにはまだまだ遠いところにいるのか，もうすぐ手が届きそうな状態なのかという「学習者の習熟度・熟達度という視点」を参観者に与えます。その際には，これまでの学習の様子（言語活動への関わりなど）をもとに情意面も含めてできるだけ客観的に記述します。

「③指導観」では，「①単元観」で述べた内容をどのような「指導」や「言語活動」に具体的に落とし込んでいくのかという「指導者としての視点」を参観者に与えます。ここには，本時案を単元の指導計画の中でどのような位置付けとして指導者が捉えているのかが参観者にもよく分かるように記述しておくことが重要です。

それでは，「教材研究」を色濃く反映する「①単元観」を詳しくみていきたいと思います。次に示した「単元観」は，高等学校「英語コミュニケーションⅠ」における授業を想定し例としてあげたものです。なお，この単元では，仮定法とto不定詞が言語材料として扱われているものとします。

〔単元観〕（例）
　　本単元は「食品ロス」をテーマにしている。筆者が行っている支援活動の内容を正確に読み取らせるよう指導したい。また，筆者が支援活動を行うようになったきっかけにも注目し，「自分ならどうするか」というテーマで考えさせ，既習事項である仮定法を用いてアウトプットさせたい。

「①単元観」では，扱う単元がどのような内容で構成されていて，どんな「資質・能力」（外国語科では「言語能力の向上」を中心に学習指導要領でまとめられている）を育成するのにふさわしいと指導者が解釈した単元であるかを記述します。単元を学習指導要領が示す目標や言語活動と照らし合わせながら読み込んでおく必要がありますから，「単元観」を読めば，授業者が日頃どのような教材研究を行っているのかが分かります。

先ほどあげた〔単元観〕の例では，本文の内容を正確に読み取ることと，文法を活用させたアウトプット活動について述べられています。どうやら本文は説明文であると思われます。高等学校学習指導要領（平成30年告示）解説では，

「英語コミュニケーションⅠ」において概要や要点を目的に応じて捉える際の材料として説明文や論証文を読ませることを言語活動の一つとしてあげています。

　ここで気になるのは，前半が「英文解釈」の指導しか述べられていないことです。概要や要点を把握させるためには，説明文であれば例えば「意見」と「事実」が組み合わされた文章を整理して区別しながら読む必要があり，そうした技能を身につけさせることが単元の目標として設定されるはずです。しかしながらこの例には，本単元が「意見」と「事実」を区別しながら読むことができるようにするのに適切な教材であると指導者が判断した理由等が述べられていません。さらに，この〔単元観〕の最後では仮定法を用いた産出活動にまで触れています。「単元観」には，言語材料として仮定法をとりあげ，教材の中でどのように扱われているかを述べておけばよいのです。

　また，この記述からは，単元の終わりに意味内容に重点を置いた言語活動を設定していると推測されるのですが，この段階での「仮定法」の指導は，いわば「使える段階」の途上，あるいは出口付近の習得過程の事項であることを強く意識しておく必要があります。「使える段階」の指導としては，仮定法を使った談話の枠組み（a discourse skeleton）を与えて書かせるなどして，徐々に使いながら「仮定法」の意味を実感させていく指導の積み重ねがさらに必要なのではないでしょうか。その過程で生徒に「適切さ」，つまり「いつ」「どのように」使うのかを実感させ，「仮定法」を適切に「使う段階」の言語活動の中に徐々に組み入れていく必要があります。例に示した〔単元観〕における記述では，意味内容を中心とした言語活動の段階なのか，言語形式の習得に重点のある指導の段階を指しているのかが参観者には伝わりません。

　以上のように，「単元観」では指導者の「教材研究」がそこへそのまま反映されるということになります。しかも，「単元観」は単元で設定する目標と密接な関連を持ち，単元の評価規準はその目標に準拠します。教師は目標に準拠した評価（観点別評価，いわゆる絶対評価）を実施することによって生徒の学習の実現状況を分析的に捉えると同時に，自らの指導がどうであったかを振り返り，学習評価を学習指導の改善に生かすことが求められます。これが，「指導と評

価の一体化」です。決して，「指導しながら評価する」といった同時性を意味しているのではなく，評価を指導プロセスの一部として捉えることが重要です。

　決まった形式はないにしろ，学習指導案は**「教材の吟味」**と**「教材の解釈」**，そして**「指導方法の検討」**つまり指導者の**「教材研究」**の軌跡を示すものだと言うことができます。指導経験が浅いうちは，筆者自身もそうであったように，優れた実践の指導技術だけを真似しようとする傾向があります。それ自体悪いことではないのですが，それと同時に優れた実践者が提供する「単元観・生徒観・指導観」にぜひ目を向けてもらいたいと思います。

3．まとめ

3.1.

　Warm-upで整理した「自分が受けた中学，高校の授業の内容」を「わかる段階」「使える段階」「使う段階」の3つの段階で分析し，どの段階の活動が多く行われていたかを整理してみてください。そして，「使う段階」の言語活動があればほかの人ともその内容を共有し，言語活動の目的が明確に示されていたかどうかも話し合ってみてください。

3.2.

　次の中学校3年生用のある単元の一部を教材として，以下のことについて考察しなさい。

1．学習する文法事項や文構造は何か。
2．それらの導入にあたって，留意することは何か。
3．導入において「わかる段階」でどのような工夫をするか。
4．「使える段階」ではどのような指導をするか。
5．「使う段階」ではどのような言語活動をさせるか。

　教材：Lesson 4 "The World's Manga and Anime", *NEW CROWN English Series 3*, pp.52-53. 三省堂

GET Part 1　ジンが夏休みの思い出について話しています。

　　This summer I went to the Japan Expo in France.　It is a big annual event that introduces Japanese popular culture to the world.　There were many performances by Japanese musicians.　I heard talks by manga artists and anime directors.　Lots of people wore costumes of their favorite characters.　I did, too.

Q & A　What did Jing do at the Japan Expo?

Words

　　introduce, *introduce ... to* ～, director, *lots of ...*, costume,
　　Japan Expo ジャパン・エキスポ, expo 博覧会

POINT

　　　　a book **that** has beautiful pictures
　　I have a book **that** has beautiful pictures.
　　(I have a book **which** has beautiful pictures.)

3.3.
　次の例[4]を参考にして,「単元観」と「指導観」にはそれぞれどのような内容を記述するのかをまとめなさい。

〔単元観〕
　本単元はプレゼンテーションのスキルを育てることをねらいとしている。教科書では,生徒が自分なりにテーマを設定し,クラスメートにインタビューした結果をまとめて報告する,という流れになっており,これはそのまま教室での言語活動に応用することを想定したものと思われる。プレゼンテーションのスキルに関しては,Opening-Body-Closingという3部構成とともに,transi-

---

4）広島大学附属中・高等学校教育研究大会（2018）における中学校の公開授業（授業者：山岡大基先生）での学習指導案から転載（一部改変）。

tionを示すディスコース・マーカーや，図表・数値を説明する表現が導入されている。学習指導要領との関連では，「話すこと［発表］」のうち，「イ　日常的な話題について，事実や自分の考え，気持ちなどを整理し，簡単な語句や文を用いてまとまりのある内容を話すことができるようにする」という目標と関わりが深い。

〔指導観〕

　言語活動としてプレゼンテーションを行うが，内容は，教科書のような調査に基づくデータの説明ではなく，生徒自身のことを話させる。また，3部構成全体の完成度も，本単元としては高いレベルを要求しない。これは，まとまりのある文章で発表すること自体に生徒が慣れていないため，負担を過重にしないためである。本単元では特にOpeningに焦点を当て，聞き手がプレゼンテーションの内容を円滑に理解できるよう，話す内容や話し方を工夫させる。その過程では，「自分のことについて他者にプレゼンテーションをして理解してもらう」という目的を意識させ，学習班における相互フィードバックを取り入れつつ，「自分のことば」をどのように改善すればよいかを考えさせる。

【参考・引用文献】

和泉伸一（2016）『フォーカス・オン・フォームとCLILの英語授業』アルク

伊東治己（2016）『インタラクティブな英語リーディングの指導』研究社

霜崎實ほか（2016）*"CROWN English Communication I New Edition"* 三省堂

白井恭弘（2008）『外国語学習の科学－第二言語習得論とは何か』岩波書店

根岸雅史（2014）「「定着」の測り方　いつ，何を測るか」，『英語教育6月号』大修館書店，pp.13-15

根岸雅史ほか（2021）*"NEW CROWN English Series 1"* 三省堂

根岸雅史ほか（2021）*"NEW CROWN English Series 3"* 三省堂

Swan, M. (2016). *Practical English Usage, Fourth Edition*. Oxford University Press.

Widdowson, H.G. (1978). *Teaching Language as Communication*. Oxford: Oxford University Press.

コラム ①

「まあ，こんなもんかいのぅ」

　かつて筆者が勤務していた国立大附属中・高校では，毎年多くの教育実習生を受け入れ指導にあたります。学生は担当する授業の前は寝る間を惜しんで「教材研究」と向き合います。実際，ほとんど徹夜で「教材研究」をし，何度も学習指導案を書き直して授業に臨む学生も少なくありませんでした。しかし，授業は思い通りにいかないことが多くあります。どんなに経験豊富なベテランの教師であっても，自分自身が納得のいく授業ができることはそう多くはありません。ましてや，初めて教壇に立つ学生ですから思い通りにならないのは当然だとも言えます。うまくいかなことにはさまざまな要因が絡み合っていると考えられます。

　たしかに，うまくいかない原因の中には，将来教師として教壇に立ち経験を積むことで解決されていくものも多くあります。しかし基本的に筆者が学生に与えていたアドバイスはおもに，「それは教材研究が足りなかったのでは？」でした。ほとんど徹夜をして，学習指導案を幾度も練り直していようが，足りないものは足りないのです。

　筆者自身もその附属学校で教育実習を行いました。英語教育に身を置く自分を振り返ると，自分の原点ともいえるべき場所です。特に，指導教官の先生からは教材研究について非常に多くのことを学び，充実した実習期間を過ごすことができました。教材研究のコツがつかめたと調子に乗り，担当した授業も学習指導案通りこなせたと思い，どのような評価をいただくのかと批評会を期待していました。先生から批評会でいただいた最初のコメントは，「まあ，こんなもんかいのぅ」でした。その後は先生から具体的なコメントもなく，学生同士がお互いに意見や感想を述べあうものでした。あのコメントがどういう評価なのか咄嗟には分からず，友人のコメントはほとんど耳に入らず，その意味を考えていました。

　その先生の批評会は，夜居酒屋に場を移して再開されることがありました。学生たちが先生を囲み，先生から英語教育についていろいろな話をうかがうことができたのです。その日も場所を移して批評会が行われました。そして，その場で自分の授業へのコメントの意味が分かったのです。その時は教材研究の話が中心であったと記憶しています。要するに，深みのない教材研究からはその程度の授業しかできないということを先生は筆者に伝えたかったの

です。自分が深めていたつもりの教材研究は，いつの間にか授業をまとまりよく進めるための計画を練り上げることにすり替わっていたのです。教師として教材に向き合った姿が反映された授業ではなかったのです。見事に見透かされていました。

　批評会で具体的な授業に関するコメントを加えることなく，教材に向き合うことの大切さに気づかせてくれた先生の洞察力の高さに敬服することはもちろんですが，今でも授業を終えた後，あのコメントがあの時の先生の声のまま聞こえてきます。

第2章

「発問」とは何か

> この章では，教材研究の要となる「発問」について考えます。「発問」の質が授業に奥行と深さを与えます。生徒の思考をゆさぶる良質な「発問」はどのように作成すればよいのでしょうか。
> 1. 「発問」と「質問」
> 2. 英語リーディング指導における「発問」のタイプ
> 3. 「ごんぎつね」の授業実践に学ぶ「教材研究の在り方」と「発問」づくり
> 4. まとめ

Warm-up

自分が受けた授業や実際に行った授業の中で，思考の深まりを感じた教師からの「問いかけ」を紹介してください。また，そのような「問いかけ」が思考を揺さぶった理由は何だと思いますか。

これから英語教育に携わろうとしている大学生のみなさんや中学校や高校で日々実践を重ねられている先生方にとっては，「発問」という用語はすでに馴染みもあり今更説明の必要はないものかもしれません。しかしながら，自分が児童・生徒であった頃を振り返ってみると，教師から「では，今からいくつか発問をします」などと言われた記憶はないでしょうし，教師から「何か発問はありますか」と問われたこともないでしょう。

まず，「発問」という用語が表す意味を読者のみなさんと共有しておく必要

があります。「発問」は教科を越えて使用される用語ですが，教師の「問いかけの形」もあれば，教師の説明や指示など「問いかけではない形」を含めることもあります。そこで，本書では「発問」を次の定義に基づいて，英語授業における「発問」とは何かを「質問」との違いから考えてみたいと思います。

『発問とは，「生徒が主体的に教材に向き合えるように，授業目標の達成に向けて計画的に行う教師の働きかけ」であると考えます』（田中・田中，2009）。

1.「発問」と「質問」

「問い」は人間なら誰でも日常的に行っている行為です。私たちはそうした言語の機能を「質問をする」と呼んでいます。では，「発問」と「質問」という用語は何が違うのでしょうか。

筆者の「発問」という用語との出会いは，大学時代に受けた教科教育に関する概論の授業でした。講義の詳細は忘れてしまいましたが，「発問」は質問者がその答えをあらかじめ知っていながらなされる問いであり，「質問」とは質問者がその答えを知らないでなされる問いであるという説明であったことは記憶しています。当時は単に，事前に「答え」が用意されているかどうかで「発問」と「質問」に分けられると単純に解釈していました。例えば，次の例を見てください。

（A）生徒が教室で理科の教師に：「地表付近であたためられた空気が上昇すると気圧が下がり，空気は膨張して温度が下がることは理解できるのですが，ではなぜ温度が下がると水蒸気ができてそれが雲になるのですか」

（B）理科の教師が教室で生徒に：「雲と，気温・気圧・水蒸気はどういう関係にありますか」

（A）の生徒はその「答え」を知りません。これは「答え」を知らない人が知っている人に尋ねる「質問」です。（B）の教師は学習者に知識を再構築させ

る目的を持って，雲の出来る仕組みの説明を求めています。当然，教師はその「答え」を知っています。このような問いを「発問」と呼ぶということです。なるほど，問いかける主体があらかじめ「答え」を知っているかどうかを基準としていて，筆者が大学時代に聞いた説明の通りであることが分かります。

　しかしながら，「答え」を知っていて発する問いをすべて「発問」であるという前提に立てば，たとえ授業中にふと思いついた問いであっても，「答え」さえ用意できていればすべて「発問」と呼んでいいということになります。ところが実際は，「答え」を知っているかどうかは「発問」であるための大前提に過ぎないのです。もう一度，定義を見てください。「発問」には「計画性」が伴います。「発問」は決してその場の思いつきでなされるものではないということが確認できます。

　次に，「思考力」を基準にして「発問」と「質問」を分類している例もあります。次の表2.1を見てください。文部科学省が提供している「発問」の捉え方を説明した資料です。

表2.1　補習授業校教師のためのワンポイントアドバイス集 4 発問（文部科学省）

	問いかけ	応　答	考　察
a	・桃太郎は鬼ケ島へ鬼退治に行ったのですか？	・はい。	・子どもの考える余地がない。
b	・桃太郎はどこへ行ったのですか？ ・鬼ケ島へ何をしに行ったのですか？	・鬼ケ島へ。 ・鬼退治に。	・一問一答で終わる。 ・本文を見ればわかる。
c	・桃太郎は何をしましたか？ ・桃太郎はどのようにして鬼退治をしましたか？	・鬼ケ島の鬼を退治した。 ・犬と猿と雉と力を合わせて。	・桃太郎の行動を、子どもが自分の言葉でまとめている。
d	・どんなお話ですか？	・桃太郎が、犬と猿と雉と力を合わせて鬼ケ島の鬼を退治した話。	・「力を合わせて」という内容価値とともに粗筋（あらすじ）も述べている。

　表中の「問いかけ」のすべてに，「答え」と「計画性」があると考えるなら，これらの「問いかけ」はすべて「発問」と呼んでいいのではないかと思うかもしれません。しかしながら，『学年や場面によっては「質問」によって確認することが必要な場合もあるが，そればかりだと学習意欲を低下させる。』という説明と併せて，表中の「問いかけ」を次のような簡略な定義づけに基づいて「質問」と「発問」に分けています。

　　簡略な定義
　　　「質問」は子どもが本文を見ればわかるもの…… a・b・(c)
　　　「発問」は子どもの思考・認識過程を経るもの…… (c)・d

　この定義では，教師の「問いかけ」と「答え」は密接不離の関係にあり，「問いかけ」には「答え」，つまり「正解」が用意されています。その中で「思考力」を促す「問いかけ」を「発問」と位置付けていることが分かります。ここで重要なのは，「質問」か「発問」かといった分類の仕方よりもむしろ，「発問」に必要な要素として「思考力」に注目しているということです。これは後で述べる「発問」のタイプを理解する上でも大切な視点であると言えます。

2．英語リーディング指導における「発問」のタイプ

2.1.“Display Questions” と “Referential Questions”

　「発問」とは学習者の「思考」をゆさぶり，「主体的」に課題解決へと向かわせることを意図した「計画的」な「問いかけ」であることが分かりました。ここからは，「発問」のタイプを英語リーディング指導との関係で考えてみましょう。

　最初に，「問いかけ」に対してどのような「答え」を期待するかを基準にした2つのタイプを紹介します（Long & Sato, 1983）。

(A) Display Questions
(B) Referential Questions

　（A）は「提示質問」，（B）は「表示質問」と訳されますが，具体的にそれぞれの「問いかけ」がどのような「答え」を期待しているのかについて，もう一度「第1章　3まとめ」で扱った中学校の教科書本文を例に取りあげて考えてみましょう。（下線，引用者）

GET Part 1 ジンが夏休みの思い出について話しています。

　　This summer I went to the Japan Expo in France. It is a big annual event that introduces Japanese popular culture to the world. There were many performances by Japanese musicians. I heard talks by manga artists and anime directors. Lots of people wore costumes of their favorite characters. I did, too.

(A) Display Questions の例

Teacher: *What is the Japan Expo?*
Learner: It is a big annual event that introduces Japanese popular culture to the world.
Teacher: A big annual event that introduces Japanese popular culture to the world. Yes, that's right. *Then what did Jing do at the Expo?*
Learner: She wore a costume of her favorite character.

　この例で分かるように，Display Questions では正解が英文テキストに明示されており（下線部），その情報を引用すれば良いような「問いかけ」になっています。教師の "Yes, that's right." という発言がそのことを裏付けています。表2.1 に関連した「簡略な定義」では「質問」と位置付けられている「問いかけ」です。Display Questionsで占められる教室内でのインタラクションは「教師が発言権を維持」（hold the floor）し，「時間効率のよい方法」（a time-efficient way）で，教室内で最もよく行われているタイプの一つです（Walsh, 2011）。このような教師主導型のインタラクションは IRF (Initiation-

Response-Feedback) と呼ばれます。ここで Display Questions 特徴をまとめた上で，問題点を確認しておきましょう。

〔特徴〕

1. 教師は英文テキストをなぞるような「問いかけ」を行う。
2. 教師の「問いかけ」を手がかりとして，生徒は正解部分の検索を始める。
3. 生徒には自らの気持ちや考え，意見を述べる機会は保障されていない。

このことから分かるように，Display Questions のみで行われるインタラクションは，「問いかけ」と「答え合わせ」で進み，学習者の「思考」を経て産出される英語へフィードバックを与える余地が少ないことが欠点であると言えます。

Display Questions は生徒にとって比較的認知負荷が軽く，教師も生徒も共に扱いやすい「発問」ですから，指導全体における部分的な使用にはある程度の学習効果は期待できると思いますが，上述の欠点を補う必要があります。

そこで，引用部分の答え合わせを終えた後，教師が「同じ内容を別の表現を使って言い換えなさい」などの指示を加えることによって，生徒は正解部分から抽出した情報を再構築しなければなりません。そうすると，生徒が元の英文テキストが表す意味と言語形式に注意を向けながら，意味上等価な英文を産出する活動に発展させることができないでしょうか。例えば，先ほどの例では，"It is a big event. Every year the event introduces Japanese popular culture to the world." などのような英文の産出を期待することができるようになり，単なる引用部分の答え合わせに終わるような活動ではなくなります。

(B) Referential Questionsの例

Teacher: *Have you ever heard of the Japan Expo?*
Learner: Yes. I have seen it on TV. Many people … enjoy … anime

"*cosupure.*"

Teacher: OK. They were enjoying wearing different anime costumes, right?

Learner: Yes. I love "*Inu-Yasha.*" I want to wear the costume. Do you know "*Inu-Yasha?*"

Teacher: Sorry, I don't know. Will you tell us more about it?

　このインタラクションは，できるだけ既習の言語材料を使いながら，生徒にとって理解可能な英語で行われています。新しい課の題材の導入時に行われる Small Talk や Oral Introduction と呼ばれる活動として行われることが多いと思います。ここでのやりとりの特徴をまとめると次のようになります。

〔特徴〕
　　1．教師は生徒にとって身近な話題（here and now）について英語で「問いかけ」を行う。
　　2．生徒は教師の問いかけに対して自分の体験と結びつけた応答を試みる。
　　3．教師の役割は生徒の発話を促し，必要に応じて他の生徒のために意味を明らかにすることである。

　これらの2種類の発問に内包される特徴から単純に優劣を考えるのではありません。つまり，(A) Display Questionsを「正解探しと答え合わせ」のみで終わってしまう「発問」であると否定的に捉えず，新しい単元で題材を導入する際には (B) Referential Questionsを用いたり，英文テキストの意味を考えさせる際には，適切な教師の介入を伴った (A) Display Questionsを用いたりするようにして，両者の「使いどころ」を実践の中で身に付けていくことが重要です。

2.2. 生徒が主体的に教材に向かうために
　検定教科書を使って授業を行う際には，教科書の英文テキストの理解を避けて通ることはできません。どれほど優れた教材であっても，生徒が主体的に教

材と向かい合うことができなければ，自分の意見や考えが生じる土壌がそもそも用意されないでしょうし，せいぜい教材が活かされても，言語材料（文法規則）習得のための英文テキストとして扱われて終わります。言語材料が習得されればまだ良いのですが，そのうちに授業そのものに対する参加意欲が失せていき，教師の思いとは裏腹に，読みを深めるために用意された課題でさえも生徒には単なる作業として捉えられるかもしれません。

筆者はかつて出張授業として高校3年生を対象に物語文の指導を行ったことがあります。物語文は読み手の感情反応を期待して書かれていますので，自分の体験や知識と重ね合わせて読みながら人それぞれに気持ちが湧き上がります。同じ読み物であっても，読む年齢によって湧き上がる気持ちは異なります。この湧き上がる気持ちこそが深い読みに支えられており，他人に聞いてもらいたいという表現の原動力となるのです。

実践では物語文をいかに「自分事」として読み取らせるかという部分に焦点を当て，「発問」を工夫しました。授業後，ある生徒が「自分が物語の中に入っているようだった」という正直な感想を寄せてくれました。「発問」が果たす役割の大きさを改めて感じさせてくれたうれしい感想でした。

それでは，主体的に教材に向かわせるために「発問」をどのように工夫すればよいかという視点から，教材研究の在り方を考えてみたいと思います。

まず，発問の分類についてみていきましょう。

門田ほか（2010, pp.35-36）は多様なテキストタイプに応用できる問いとしてNuttall（2005）の示す6つの発問のタイプを以下のように紹介しています。

(1) 文字通りの理解（literal comprehension）を求める問い

(2) 再構築（reorganization）を求める問い

(3) 推測（inference）を求める問い

(4) 評価（evaluation）を求める問い

(5) 個人的な反応（personal response）を求める問い

(6) どのように主題が表現されているか（how the writers say what they mean）を考えさせる問い

さらに，この6つの発問タイプを次のように大まかに2つに区分しています。

(A) 文字通りの意味を理解せる基本的な発問（発問タイプ (1)，(2) に相当）
(B) 深い読みを促す発展的な発問（発問タイプ (3)，(4)，(5)，(6) に相当）

また，伊東（2016, p.117）は教師からの発問をレベル別に3つに分けた例（Howatt & Dakin, 1974）を紹介しています。

① Factual Questions（事実関係を尋ねる発問）
② Inferential Questions（推論を求める発問）
③ Personal Questions（個人に関わる発問）

このほかにも，教材のテキストタイプに応じたさらに細かい発問の分類例があり，それぞれに「発問」を工夫するための多くの示唆が含まれていますが，ここでは伊東（2016）が紹介している上記の「発問」のレベルから，第1章で用いた英文を用いて発問例を確認してみましょう。

Mark: I missed your phone call. What's up?
Jing: I had a problem with my homework, but I worked it out.
Mark: Sorry. I was at the sports center. I was playing wheelchair
basketball.
Jing: Sounds like fun. How was it?
Mark: It was great. You can come next time.

(*NEW CROWN English Series 1*)

---

① Factual Questions（事実関係を尋ねる発問）
　　　Why did Jing call Mark?
　　　Why did Mark miss her call?
② Inferential Questions（推論を求める発問）
　　　Where is Mark now?
　　　Is Jing interested in wheelchair basketball?

③ Personal Questions（個人に関わる発問）

    Do you know wheelchair basketball?

    Do you want to try wheelchair basketball?

これら3つのレベルの発問は，発問の順序を表しているわけではありません。したがって，常に Factual Questions から始める必要はありませんので，Inferential Questions から始めることも可能です。例えば，先ほどの例によれば "Where is Mark now?" という「問いかけ」から始めた方が，生徒の読みが主体的になり，教師とのインタラクションが増えると判断すれば Inferential Questions から始めてもよいということです。

3. 「ごんぎつね」の授業実践に学ぶ「教材研究の在り方」と「発問」づくり

みなさんは小学校の国語で「ごんぎつね」を学習したと思います。児童文学作家の新美南吉によるこの作品は長い間にわたって多くの人々によって読み継がれてきました。ごんと兵十を中心として展開するこの物語は，私たち大人が読んでも感動し，特にごんの心の変容から最後の悲劇的な結末に心は揺さぶられ深く考えさせられます。

もちろん，英語科の教科書にも文学的な作品を扱ったものもありますが，時代が変わっても学習させる価値のある作品は国語科で扱われる教材の数には及びません。このことは英語科では言語能力の向上，特に技能の習得が優先され，扱う教材の内容と学習者の認知レベルにズレが生じていることが関係しているのかもしれません。ここでは，「教材研究」の在り方が「発問」とどれほど関りが深いかを理解するために，小学校国語科の教材である「ごんぎつね」を取りあげてみます。紹介するのは，「教材分析・解釈」を通して，文学教材の持つ「価値」に迫る読み方を子どもたちにどのように指導するかについての実践研究をもとに書かれた，「国語科重要教材の授業づくり」シリーズからです（立石，2015）。立石は冒頭で教材研究を次のように定義しながら，教材研究に

ついて鋭い指摘をしています。

　　　教材研究とは，**「教材の分析・解釈」**と「指導方法の構想」のことです。指導
　　方法を構想していくためには，何よりもしっかりとした教材の分析・解釈が重要
　　です。
　　　私たち教師は，授業を計画する際に，まず指導すべきこと，教えるべきことは
　　何かを探しがちです。手っ取り早いのは，教科書の指導書を開くことでしょう。
　　指導書を見れば，単元だけでなく，一単位時間の目標もすぐにわかります。また，
　　教材の中の重要な語句やその意味までも解説してあり，大変便利です。十分に教
　　材研究されている指導書に書いてある指導案通りの授業を行っていくことで，指
　　導者としては安心することができます。
　　　しかし，そのような授業を積み重ねていくことは，授業づくりにおける多くの
　　弊害を生み出しかねません。(p.10)（下線，引用者）

　この指摘は，英語科においてもまったく同じことが当てはまると言えるので
はないでしょうか。指導書（Teacher's Manual）は確かに便利です。配布す
るプリントを作成したりするときには，教科書本文のデジタルデータは時間の
節約もでき大変便利です。また，授業でそのまま使えるQ＆A，T-F
Questions などのほか，演習用のプリント作成や小テストまで用意されており，
驚くべきことに，単元目標から年間指導計画までもあらかじめ作成されていま
す。
　しかし，指導書にある教材研究は，所詮他人の教材研究です。指導書に掲載
されている発問には，教材に対する他人の価値観が反映されます。指導書だけ
に頼った授業づくりは指導者としての成長をほぼ間違いなく阻害してしまいま
す。立石はそのことに警鐘を鳴らし，教材研究の重要性を強調しているのです。
　立石は教材研究の方法について，子どもたちの実際の反応を例示しながら
「発問」の在り方について多様な視点を与えてくれます。中でも，「推論」発問
に関して述べている次の部分は大変参考になります。

　　　(略)，ごんの心の奥にある「思い」は，文章中のことばをつなぎ合わせていくこ
　　とで，読者の中に「……と書いてあるから，おそらく〜だろう。」というように
　　浮かび上がってきます。これを**推論**と言います。学習では，子どもたちに複雑な

ごんの気持ちについて根拠と理由を挙げながら推論させることが重要になってくるでしょう。(p.58)(下線，引用者)

　英語科の発問作りにおいてもこの部分は特に重要だと思われます。第1章で引用した，『思いつきに基づく「推測」(guessing) と根拠に基づく「推論」(inferencing) を明確に区別する必要がある』という指摘（伊東，2016，p.4）や，「高等学校学習指導要領（平成30年告示）解説」における「物語とは，ある事項について筋道をたどって書かれたまとまりのある文章を指し，内容を把握するためには，登場人物の言動やその理由などを文章に即して捉えることが大切である」(p.82) の部分からも「推論」することがいかに重要であるかが分かります。このように，立石の実践研究は私たち英語科教員にとっても，「発問」の在り方を考えるうえで多くの示唆を与えると思われるのです。

　教材研究について，立石は「『何を指導すべきか』から始まって教材分析を行っていくと，物語を読む読者の心の動きや感動を感じにくくなります」(p.11) として，まず，「読者として教材に出会う」ことを勧めています。続いて，そこで生まれる感情反応をどのように子どもたちに理解させればよいかを，学習者の目線で考えることが「指導方法の構想」へとつながっていくと説明しています。

　では，「教材の分析・解釈」を行う視点の中から，「ごん」の変容を理解するために必要な視点を立石の教材研究に拠って考えてみましょう。立石は物語の設定について，まず次の部分に着目します。

　「ごんは，ひとりぼっちの小ぎつねで，しだのいっぱいしげった森の中に，あなをほって住んでいました。」

　教材研究の視点：「ごんは人間で言うとどれくらいの年齢か？」

　この視点は「ごんの年齢」について考えさせる「発問」につながります。立石は，「子どもたちはよく感情移入してしまい，自分たちと同じ年頃の「子どものきつね」だと思い込みます」(p.16) と指摘します。事実，筆者自身小学

生の時の記憶を手繰り寄せるとそのように読んだように思います。しかし，物語文では登場人物の変容を正しく理解するためには，登場人物の設定を正しく理解しておく必要があり，立石は次のようなごんの言動に注目します。

- 「兵十だな。」と，ごんは思いました。
- ごんは，「ふふん。村に何かあるんだな。」と思いました。
- 「兵十の家のだれが死んだんだろう。」
- 「ははん。死んだのは兵十のおっかあだ。」
- 「兵十のおっかあは，床（とこ）についていて，うなぎが食べたいといったにちがいない。それで兵十がはりきりあみを持ち出したんだ。ところが，わしがいたずらをして，うなぎを取って来てしまった。だから兵十は，おっかあにうなぎを食べさせることができなかった。そのままおっかあは，死んじゃったにちがいない。ああ，うなぎが食べたい，うなぎが食べたいと思いながら，死んだんだろう。ちょっ，あんないたずらをしなければよかった。」

　これらに見られるごんの心の中の言動を手掛かりにすると，ごんの状況把握力と理解力に驚くとともに，村の風習まで詳しく知っていることが分かると**推論**できるとしています。したがって，「かわいい子どものちいさなきつねだ」と考えるのは不自然であると分析します。たしかに「子ぎつね」ではなく「小ぎつね」と書かれています。立石の分析と解釈は次の通りです。

　　ごんは，いたずら好きの無邪気な子どものきつねではないのです。どちらかと言えば，その境遇から体が大きくなりきれなかった「小ぎつね」で，兵十と同じくらいの青年であると考えた方が，ごんの孤独感や兵十への共感も読者にはより深く感じらえます。読者として物語の感動がより深まるのではないでしょうか。（p.18）（下線，引用者）

　立石は，このように綿密な教材の「分析・解釈」の方法をごんぎつねの授業を例に解説をし，その後に「指導方法の構想」を述べています。ここで過去の自分の指導を振り返ってみれば，新たな単元に入るときは「言語材料」の指導方法を考えることを中心に始め，教科書本文を「言語材料習得のためのテキスト」として終えてしまうことがありました。教材の「分析・解釈」よりも，

「言語材料」の「指導方法の構想」を優先していたのです。教材から「分析」や「解釈」が遠ざけられた「発問」には力がなく，生徒の「思考」は揺さぶられず，教材に向き合う気持ちも生じることはありません。気持ちや意見を述べさせようとする「原動力」を与えられない生徒が主体的な読み手になるはずがありません。

　外国語科はある意味技能教科ですから，「知識・技能」を習得することはとても大切なことです。しかしながら，育成すべき「資質・能力」には「知識・技能」だけではなく，「思考力，判断力，表現力等」や「学びに向かう力，人間性等」も存在します。これらの3つの「資質・能力」はすべての教科で育成する「通教科的な力」です。「言語材料」だけにどうしても目が向かいがちな英語科教員にとって，ここで紹介した立石の実践研究は，私たちが見過ごしてしまっているかもしれない「教材研究」における最も大切なことを示してくれているのではないでしょうか。

4．まとめ

　次の英文を教材として，「① Factual Questions　（事実関係を尋ねる発問），② Inferential Questions　（推論を求める発問），③ Personal Questions　（個人に関わる発問）」の3つのレベルから，できるだけ多くの発問を作成しなさい。

教材：**Reading For Fun 1**. "Zorba's Promise", *NEW CROWN English Series 3*, pp.64-67. 三省堂

Zorba was relaxing on a balcony near the port. Suddenly, a gull landed near him.

　"Help me," the gull cried. "I'm covered with oil. I'll soon be dead."

　"What can I do?" asked Zorba.

　"I've just laid an egg. Please promise to take care of it, feed my child, and teach it how to fly. Will you?"

　"Me?"

"Yes, you," said the gull.

"I promise."

"Thank you," the gull said. She soon died. Under her body, Zorba found the egg.

Every night Zorba kept the egg warm. This was difficult, but he never gave up.

One morning Zorba opened his eyes. A small white head was looking in his direction.

"Mom."

"I'm not your mom. But you're lucky. So that's your name, Lucky."

Zorba took care of Lucky. When dirty, fat rats and mean cats attacked her, Zorba protected her.

In time, Lucky became a beautiful gull.

"Lucky," Zorba said. "Now it's time to fly."

"Why do I have to fly?" Lucky said.

"You're a gull."

"Me? A gull?"

"Yes. You're a gull. I'm a cat. Each is different. Each is good. I love and respect you even though we're different."

"So I must fly?" Lucky asked.

"That's correct. Cats do cat things. Gulls do gull things. Gulls fly."

"I can't fly without your help. Will you teach me?"

"Of course. I promised your mother. And now I promise you."

Lucky's flying lessons started. She tried to fly many times, but she always failed. One rainy night, Zorba and Lucky went to a tower.

"Lucky, all the sky is yours. Open your wings and fly."

"I can't," she cried and pulled away from the edge.

"Yes, you can. You can if you really want."

Lucky got back into position and stepped into the air. She fell a little at first. Moments later she gained control. Her wings caught the wind, and she started to fly.

"Zorba, you're right. I can fly!" Lucky said and flew away.

"Yes. You can," Zorba said to the wide, empty sky.

【参考・引用文献】

門田修平ほか（2010）『英語リーディング指導ハンドブック』大修館書店

立石泰久（2015）『国語科重要教材の授業づくり たしかな教材研究で読み手を育てる 「ごんぎつね」の授業』明治図書

田中武夫・田中知聡（2009）『英語教師のための発問テクニック―英語授業を活性化する リーディング授業』大修館書店

根岸雅史ほか（2021）"*NEW CROWN English Series 3*" 三省堂

文部科学省（2019）『高等学校学習指導要領（平成30年告示）解説 外国語編 英語編』開 隆堂

文部科学省「CLARINETへようこそ，補習授業校教師のためのワンポイントアドバイス集， 4 発問」http://www.mext.go.jp/a_menu/shotou/clarinet/002/003/002/004.htm

Howatt, A., & Dakin, J. (1974). Language laboratory materials. In J.P.B. Allen & S. Pit Corder (Eds.), *Techniques in applied linguistics* (pp.93-121). London: Oxford University Press.

Long, M., & Sato, C. (1983). Classroom Foreigner Talk Discourse: Forms and Functions of Teachers' Questions. In H. Seliger, & M. Long (Eds.), *Classroom-Oriented Research in Second Language Acquisition* (pp.268-286). Rowley, MA: Newsbury House.

Nuttall. C. (2005). *Teaching reading skills in a foreign language* (3rd ed.). Oxford, Macmillan.

Walsh, S. (2011). *Exploring Classroom Discourse*. London, Routledge.

コラム ②

「学習指導案」は盛らない ―目の前の生徒が見えていますか?―

　公開授業の担当になると誰しもが緊張します。数か月前から準備をするのですが,当日の参加者の数やうまくいかなかったときのことが頭をよぎり,落ち着かない日々を過ごします。

　誰しも,言語活動に乏しく言語形式の習得を主とした指導場面よりも,生徒の活動場面が多くいわゆる見栄えのよい授業を参観者には見せたいと思うものです。かつては筆者自身もそのような気持ちで公開授業に向けて準備をしていたのは事実です。格好よく見せたいという気持ちが働きます。しかしながら,そのようなときに気をつけなければならないのは,「今までの自分の指導過程や生徒の学習状況」を的確に振り返ってみる余裕と機会を失ってしまうことです。

　公開授業の様子を想像しながら「見栄え」のみに気をとられてしまうと,教師の願望と期待が満載された,いわゆる「盛られた」学習指導案を作成してしまいます。学習者中心の英語授業を思い描きながらも,膨大な時間をかけて教師中心のシナリオを準備してしまうという皮肉な結果を招くことになります。

　まず,目の前の生徒の学習状況を的確に把握しましょう。同時に,これまでの自分の指導過程を客観的に分析してみましょう。目の前の生徒に今何ができるようになっていて,次のステップとして達成できる学習到達目標をどこに設定できるのか,今まで自分に足りなかった指導はどの部分かなどを考えてこそ,参観者に観てもらう授業のポイントを学習指導案の中で提案することができるのです。

　公開授業は行事ではないのです。参観と協議を通して教師が「学び合う」ことを目的とした意義のある研修です。「学び合う」ためには,参観者に提示する「学習指導案」がしっかりとした「単元観」「生徒観」「指導観」に支えられていることが重要です。その場限りの授業を参観するのではなく,指導と学習のプロセスが一体的に示された学習指導案をもとに授業を参観するのです。

　「目の前の教材」「目の前の生徒」「これまでの指導とこれからの指導」に関して教師が行った帰納的な考察を,公開授業という具体の場を提供して参観者に演繹的に考察してもらうと考えるならば,「学習指導案」は教師が学び合うための共有資源となるように設計されるべきではないでしょうか。

第3章
教材の吟味 —テキストタイプ—

　この章では，教材研究の対象となる英文テキストの種類について考えます。
1. 学習指導要領が示すテキストと言語活動
2. 複数の領域を統合する理由
3. テキストタイプ
4. テキストタイプに応じた領域を統合した指導の計画
5. まとめ

Warm-up

　中学校や高等学校の教科書にはどのような種類の教材が掲載されているでしょうか。可能ならば複数の教科書を比較して，共通する特徴をまとめてみましょう。

　教科書はさまざまな種類の文章で構成されています。説明文，物語文，対話文，電子メールにおける文章など豊富な種類が用意され，それぞれの単元における目標も用いられている英文のタイプによって異なっているようです。英文の種類，いわゆるテキストタイプによって読み方も異なりますし，作成する発問も異なってきます。この章では学習指導要領で示されているテキストの例と言語活動の例を整理し，テキストが単一の領域のみで扱われるのではなく，複数の領域を結び付けた統合的な言語活動の教材として扱われる理由を考えます。そして，一般的なテキストの特徴をまとめた後に，学習指導要領に示され

ているテキストの例をそれに基づいて再整理します。

1．学習指導要領が示すテキストと言語活動

　中学校学習指導要領解説（2017）および高等学校学習指導要領解説（2018）では，国際的な基準であるCEFRを参考として，「聞くこと」「読むこと」「話すこと［やり取り］」「話すこと［発表］」「書くこと」の5つの領域ごとに目標が設定されています。また，目標の達成のために行う言語活動例もこの5つの領域ごとに示されています。

表3.1 「中学校学習指導要領（平成29年告示）解説」の「読むこと」の領域に
　　　 示されたテキストと言語活動

	テキストの話題	テキストの例	言語活動の例
「読むこと」の目標	・**日常的な話題**について，簡単な語句や文で書かれたもの	・広告やパンフレット，予定表，手紙，電子メール，短い文章	・**必要な情報**を読み取る
	・**日常的な話題**について，簡単な語句や文で書かれた短い文章	・物語などのまとまりのある文章	・文章全体の**大まかな内容（概要）**を捉える ・登場人物の行動や心情の変化，全体のあらすじなど，書き手が述べていることの**大まかな内容**を捉える
	・**社会的な話題**について，簡単な語句や文で書かれた**短い文章**	・ニュースや 新聞記事，図表，ポスター，電子メールなどの文字媒体によるもの	・特に中心となる事柄などの**文章の大切な部分（要点）**を捉える ・文章から**複数の情報**を取り出し，どの情報がその説明の中で最も重要であるかを**判断する**
	・**日常的な話題**	・簡単な語句や短い文で書かれたスポーツクラブのパンフレット	・自分が**必要とする情報**を読み取る
			・**概要**を把握する ・出来事を時系列に沿って**整理**させ，どんな内容を伝え

「読むこと」の言語活動	・簡単な語句や文で書かれた**日常的な話題**	・短い説明やエッセイ，物語など ・友人や教師が休日を過ごした中で感じたことなどのエッセイ ・諸外国の中学校生活を紹介している短い文章	ようとしているのかを**絵や簡単な英語で表現する** ・**接続詞**に注目しながら文章の流れを理解するためのキーワードを拾い，全体としての内容を**数文の英語でまとめる** ・ペアやグループになり，読み取れたことについて生徒同士が**考えを交流する** ・**要点を把握する** ・その内容に対する**賛否や自分の考えを述べる** ・文章全体としての**構成や論理の展開**を押さえる ・収集・整理した複数の**情報**を取り出して総合的に**判断する** ・筆者の主張を数文でまとめる ・自分ができることなどについてペアやグループで**尋ね合ったり伝え合ったりする** ・さらにそれを**簡潔に書いて表現する**
「読むこと」の言語活動における音読と黙読	・**日常的な話題** ・**社会的な話題**	・説明文，意見文，感想文，対話文，物語 ・読み聞かせやアナウンス，ニュース ・対話文やスキット等	・文章全体を通してどのように物語や論述が進んでいるのか，どのように話をまとめているのか等の**文章の構成を意識して黙読**する ・意味内容を**正しく理解**し，その**意味内容にふさわしく音声化**する ・発音・アクセントの**正確さ**とともに，**間の取り方**等を考えながら，**相手に伝えるために読む** ・登場人物らしく強く読んだり，弱く読んだり，声の大きさを変えて読んだり，読む速さを変えたりするなどして，喜び，悲しみ，怒りなどの**感情を豊かに表現し**合ったりする

表3.2 「高等学校学習指導要領（平成30年告示）解説」に示された「英語コミュ
ニケーションⅠ」「読むこと」の領域に示されたテキストと言語活動

		テキストの話題	テキストの例	言語活動の例
「読むこと」の目標		日常的な話題		・必要となる情報を読み取り，書き手の意図を把握する
		社会的な話題		・必要となる情報を読み取り，概要や要点を目的に応じて捉える
「読むこと」の言語活動		日常的な話題	・電子メール ・パンフレット（旅行案内や商品の広告） ・必要な情報を得るために書かれた英文	・日常的な話題について，基本的な語句や文での言い換えや，書かれている文章の背景に関する説明などを十分に聞いたり読んだりしながら，電子メールやパンフレットなどから必要な情報を読み取り，書き手の意図を把握する ・読み取った内容を話したり書いたりして伝え合う
		社会的な話題	・説明文（幅広い話題について，主に事実に基づいて書かれた文章） ・論証文（問題に関して自分の意見を明確にし，理由付けや具体例などの証拠を用いてその意見を支え，自分の意見が優位であることを主張する文） ・図表等を含む説明文や論証文	・社会的な話題について，基本的な語句や文での言い換えや，書かれている文章の背景に関する説明などを十分に聞いたり読んだりしながら，説明文や論証文などから必要な情報を読み取り，概要や要点を把握する ・読み取った内容を話したり書いたりして伝え合う ・どの文が事実でどの文が意見なのかを読み分ける ・各段落の最初の文と最後の文を読んで書かれている内容を推測する ・全体を読んで書き手の主張や根拠のキーワードをメモにまとめる ・書き手の主張がある論証文を読んで，その主張について賛否の立場から意見を伝え合う簡易なディベート

			・聞き手の意見に対する各自の意見をグループの中で伝え合う**ディスカッション**
「読むこと」の言語活動における**音読と黙読**		中学校の「読むこと」において，既に黙読と音読の二つの読み方を扱っていることを踏まえ，高等学校においては「読むこと」の目標を達成するための活動例として，改めて音読を取り上げてはいないが，これは高等学校で音読を取り扱うことを妨げるものではない。しかし，音読の指導を行う際には，書かれた文章の本来の目的や内容などを確認した上で，そもそも音読することがふさわしいのか，ふさわしいとすれば**その音読はどのような目的で行われるのか**を**明確に生徒に意識させた上で指導**することが重要である。	

　上の2つの表（表3.1，表3.2）は中学校・高等学校学習指導要領解説において「読むこと」の領域で示されているテキストの話題とテキストの具体例を言語活動例と併せて大まかに整理したものです。

　まず中学校では，「読むこと」の「目標」である「日常的・社会的な話題について書かれた英文を読んで，必要な情報を抽出，整理しながら概要や要点を把握する」という受容面での活動が，「表現したり伝え合ったりする」という発信面での活動に結び付けられて統合した言語活動へと展開していることが分かります。つまり，「読むこと」の目標である Reading Skill の習得が，一連のコミュニケーション・プロセスを視野に入れた統合的な言語活動の一部として設定されていることに注意しなくてはいけません。

　このことは，教材研究において単元の言語活動を考えるときに，単に複数領域を組み合わせれば良いのではなく，組み合わせる領域の活動が触媒となって「読むこと」の活動を大いに刺激するような「有機的」な活動となるような工夫が必要です。そうすることによって，とりあえず読んで訳して日本語で英文を理解することが目標となるのではなく，目の前の英文を「何のために読むのか」という目的と見通しを生徒に与えることになるからです。

　なお，「音読活動」では，正しく発音することだけでなく，「伝えるために読む」という発信面における「聞き手に対する配慮」を強く意識した言語活動であることにも注意しておかなくてはなりません。音読活動は授業では広く行われている活動ですが，"Repeat after me."や Shadowing, Overlapping などで

終わるのではなく，そのような音読のトレーニングをより実践的なコミュニケーションの手段として使えるように，「何のために音読をするのか」を生徒に強く意識させる必要があります。すなわち，理解した英文を情報構造（information structure）の視点から捉え直し，情報価値の高い部分をどのように焦点化（information focus）するのかまでを見通した音読指導が必要であるということです。

　高等学校においても中学校と同様に複数の領域を結び付けた言語活動が例として示され，中学校の指導との円滑な接続を強く意識していることが分かります。そして，高等学校では話題や内容が高度化・複雑化しているということが分かります。

　また，中学校ではテキストの条件として「簡単な語句や文で書かれたもの」や「簡単な語句や文で書かれた短い文章」とされていますが，高等学校ではテキストにそのような条件はつけられておらず，「使用される語句や文，情報量などにおける支援」が明記されていることに注意する必要があります。「支援」とは，複数の領域を結び付けて統合した言語活動を行わせる際に，「目的，場面，状況」を把握し，コミュニケーションを図る「見通し」を持ち，実際に「コミュニケーション」を行い，「振り返る」という学習の過程を生徒が無理なく辿ることができるようにするために教師が与える「配慮」のことを指しています。具体的にどのような「支援」を与えるかを検討することも「教材研究」における重要な一部になります。

2．複数の領域を統合する理由

　テキストタイプの整理をする前に，学習指導要領が何故このような複数の領域を結び付けた統合的な言語活動を紹介しているのかを考えておきましょう。

　その理由は，今回の学習指導要領の改訂に際して，「2 外国語科改訂の趣旨と要点 （1)改訂の趣旨」の中で文部科学省が指摘している次のような課題があるからです。（下線，引用者）

　今回の外国語科の改訂に当たっては，中央教育審議会答申を踏まえ，次のような，これまでの成果と課題等を踏まえた改善を図った。(略)

　授業では依然として，文法・語彙等の知識がどれだけ身に付いたかという点に重点が置かれ，外国語によるコミュニケーション能力の育成を意識した取組，特に「話すこと」及び「書くこと」などの言語活動が適切に行われていないことや「やり取り」・「即興性」を意識した言語活動が十分ではないこと，読んだことについて意見を述べ合うなど，複数の領域を統合した言語活動が十分に行われていないことなどの課題がある。また，生徒の英語力の面では，習得した知識や経験を生かし，コミュニケーションを行う目的や場面，状況等に応じて自分の考えや気持ちなどを適切に表現することなどの課題がある。(略)（pp.5-6）

　「目標」の解説に示された言語活動例からは，「読むこと」の目標の中心を「必要な情報を読み取る」「概要を捉える」「要点を捉える」の3点にまとめることができます。ここでは，「読むこと」に特化した言語活動が占めています。一方で，「言語活動」に示された言語活動例では，それらに加えて他の領域と結びつけて「まとめる」「表現する」「伝え合う」などの活動が見られます。ここに，上で示した課題の解決に向けた改訂の意図を汲み取ることができるのです。

　ここで，外国語習得の大まかな3つの段階をもう一度思い出してみましょう。これまでの指導は「分かる段階」と「使える段階」に留まることが多かったのではないでしょうか。つまり，言語規則を理解し，それが正しく運用できる段階です。技能習得の観点からは，この段階における指導は非常に重要です。基礎部分なくして家が建てられないのと同様に，他の領域（発表技能）と統合した言語活動を行いたくても，軟弱な受容技能の上には成り立たないのです。

　また，領域の統合に関しても異なる領域での活動を並べただけで，有機的なつながりを持たない受容面での活動から発信面での活動を無理強いするような指導がなかったでしょうか。「技能」を活用するためには，コミュニケーションの目的を理解し，コミュニケーションを実際に行う前の準備が必要です。その準備段階で「技能」を適切に引き出すには「思考力」が必要です。本来あるべき統合的な言語活動では「認識」⇒「思考」⇒「表現」という一連のコミュ

ニケーション・プロセスを辿るべきであるところを，有機的なつながりのない統合的な言語活動では「認識」⇒「表現」というショートカットをさせているようなものです。言語活動を考える際には，「それって，本当のコミュニケーション？」ということを常に頭に置いておく必要があります。

　では，「技能」の活用に必要な「思考力」とはどのようなものなのでしょうか。たとえば，学習指導要領では，「物語などのまとまりのある文章」（テキスト）を読んで「登場人物の行動や心情の変化，全体のあらすじなど，書き手が述べていることの大まかな内容を捉える」（言語活動）と「読むこと」の解説にあります。「物語を読んで大まかな内容を捉える」ために必要な力とは何でしょうか。その単元の言語材料を理解して使えるようになればよいのでしょうか。英文がすべて日本語に直せれば大まかな内容は捉えられるようになるでしょうか。それでは，教科書の単元で取り上げられた物語のあらすじは捉えられたけれども，別の物語ではあらすじを的確に捉えられず人に話して伝えられないことにもなり，大まかな内容を捉えるために必要な「思考力」が身についたとは言えないでしょう。

　学習指導要領が意味している身につけるべき「思考力」とは「汎用性を備えた思考力」を指しています。つまり，ある特定の単元のみに適用されて終了する能力ではないのです。したがって，ある単元で物語文を扱いあらすじを捉える活動をしたならば，そこで身につけられた能力は他の物語文を読んであらすじを述べることにも適用されなければなりません。このような能力を「汎用性」を備えた能力と呼ぶのです。さらに，このような「汎用性のある思考力」はすべての教科の学習を通して身につける資質・能力の中核を成します。

　そうしてみると，「汎用性」のある力を身につけることを意図していない活動は，その場限りの活動であって，「認識」⇒「思考」の過程で発揮されるべき本来の思考力を育成するとは言えません。外国語科では「外国語によるコミュニケーションにおける見方・考え方を働かせ」て「思考力」に代表される「資質・能力」を育成することになっています。教材研究では，これらの「汎用的な視点」と「汎用的な思考の方法」を，どのような「発問」や「言語活動」を通して身につけさせ，コミュニケーションにおいて働かせるかについて計画

的な指導を準備することが重要です。

　生徒が「この活動は何のためにやっているんだろう？」と疑問に思うような場当たり的な言語活動は，結局言語材料の習得に注目した形式操作で終わってしまうような活動が，ペアという形態を借りた対話的に見えるだけの活動に姿を変えているのかもしれません。つまり，一連のコミュニケーション・プロセスの入り口である「認識」から先へ進んでいないのです。活動があるように思えても，「使える段階」で終わってしまい，「活動あって学びなし」という結果が待ち受けているのです。

　さて，育成するべき「思考力」には汎用性を伴うことが重要だと述べましたが，複数の領域を統合した言語活動における「思考」⇒「表現」のプロセスの重要性にも着目しておきましょう。（「中学校学習指導要領（平成29年告示）解説」）（下線，引用者）

> 　「読むこと」や「書くこと」も，それが意味の伝達を重視している限りは，双方向の交流があるコミュニケーション活動であると言える。<u>日常生活で人が経験している「読む・書く」という活動は，その意味でほぼ全てコミュニケーションとなっている。</u>授業においても，未知語の意味や発音を指導したり，文構造や文法事項を説明したりすることに過度に時間を取られるのではなく，そこで伝えられる意味内容に留意し，生き生きとした言語活動を展開することが必要である。
> 　「書くこと」の活動に際しては，ほかの領域と同様に，<u>何のために書くのかという目的や，誰に対して書くのかという読み手意識がもてるように，活動の提示方法，流れ，目標などを十分に考えて行う</u>ことが必要である。
> 　これら「聞くこと」，「話すこと［やり取り］」，「話すこと［発表］」，「読むこと」及び「書くこと」という五つの領域にわたる活動を，できるだけ有機的に関連させながら指導計画を考えることが重要である。（pp.83-84）

　つまり，あらすじを書かせるならば，あらすじを書かなければならない必然性を日常のコミュニケーション活動の例に求め，教科書でやる活動はそれに倣った練習であるという考え方です。例えば，「お気に入りの本の紹介をする」という言語活動を設定したとき，生徒はお気に入りの本を探し出し，その内容とともに気に入った理由を口頭で伝える必要があります。このとき，状況を把

握して必要な情報の抽出と整理を行い，読み手に配慮して適切に英語で表現をする一連のプロセスの中で常に発揮される力の中心となるのが，「思考力・判断力・表現力」なのです。

3．テキストタイプ

教材研究をする上で重要なのが，まず教師が読者として教材となる文章に向き合うことです。教師が「これは面白い」と思えないような教材から引き出される「発問」には思考力を誘因するような力はなく，生徒もただお付き合いで読まされるだけになります。真の教材研究は目の前の教材の価値を高め，到達可能な目標を設定し，発問や複数の領域を統合した言語活動を準備し，生徒を主体的に学習に向かわせる指導を整えます。

したがって，まず教師が向き合う教材の特徴を的確に把握することによって，生徒に「読解方略」（Reading Strategies）を知識として教え込むような指導ではなく，教材研究を通して教師自身が教材に迫った読み方を，生徒にも迫らせるような指導が工夫できるようになります。

前項では，学習指導要領が示しているテキストの例を整理しました。共通しているのは，「日常的な話題」と「社会的な話題」の2種類があり，「電子メール」や「パンフレット」などのほかに，「説明文」「意見文」「物語文」「論証文」などがテキストの例として取り上げられていることが確認できました。

一般にテキストは「説明文」と「物語文」の2つに大きく分けられることが多く，学習指導要領もこれらの名称を用いて区分しています。ところが，その他にも「広告やパンフレット」などのような具体的な例が挙げられていますが，これらはどのような区分になるのでしょうか。

実は，学習指導要領が具体的なテキストとして挙げているものには，主に「書かれた目的」によって分類されたもの（「説明文」「意見文」「物語文」「論証文」）と「形式」に注目して分類されたもの（広告，パンフレット，予定表など）が混在していると考えられます。発問を考える上では，テキストタイプの分類の基準をしっかりと把握しておかないと，史実を述べた文章を読ませた

後で感想を求めてしまうといった「領域を統合させるための発問」が生じてしまう危険性があり，生徒が「それって，本当かなあ」とか「同じように思うけれども，ひとこと言わせて」などの「述べる動機」を起こさせない言語活動をさせてしまうことがあるかもしれません。人体の構造に関する文章を読んでも，読書感想文は書けないことを想像してみれば分かると思います。感情反応なくして真の感想は生まれませんし，意見部分なくして賛否も生まれません。

　そこで，豊かな言語活動につなげるために，「説明文」と「物語文」という大きな区分を「発問づくり」という視点から再整理を試みてみました。この整理は「読んで何をするか」という複数の領域の統合を考えやすいように，そのテキストが書かれた目的を基準にしています。（表3.3を参照）

　このほかにもテキストから言語活動を計画していくうえで，より適した分類ができるかもしれません。ここでは学習指導要領が大まかに「説明文」と示しているテキストを Factual（事実的）なテキストとして捉え直し，さらに2つの下位項目（事実型と説得型）を設けました。例えば，あるテキストを読んだ後で「意見や感想などを述べる活動」を考える際には，そのような産出活動がどのようなテキストタイプと相性が良いのかがより分かりやすくなると判断したからです。

　テキスト例にある「広告」や「パンフレット」は，情報を伝達するだけの事実型テキストではないかという見方もあるかもしれません。しかし見方を変えれば，特に商品に関する「広告」や「パンフレット」は消費者の注意を引くよ

表3.3「発問づくり」のためのテキストの分類

テキストタイプ		目的	学習指導要領のテキスト例
Factual（事実的）	事実型	事実・情報を提供する	広告，パンフレット，予定表，手紙，電子メール，短い文章，新聞記事，ニュース，ポスター，説明文，アナウンス，意見文，対話文，論証文など
	説得型	特定の話題に関して意見を述べる	
Literary（文学的）		感情反応を期待する	物語，エッセイ，感想文，スキット

うに巧みに構成されていて，購買力を誘おうと説得力があるテキストとも言えます。そのような意味では，「広告」や「パンフレット」は言語活動の工夫次第で説得型に分類することができます。たとえば，「広告」や「パンフレット」を単に情報検索活動の素材として終わらせないで，説得力がある理由を生徒と分析し，自分たちなりの「広告」や「パンフレット」を英語で作成させてみてはどうでしょうか。

4．テキストタイプに応じた領域を統合した指導の計画

　文部科学省は学習指導要領（外国語科）の改訂に当たって指摘している「読んだことについて意見を述べ合うなど，複数の領域を統合した言語活動が十分に行われていないことなどの課題がある」ということについて，「読むこと」と他の領域を統合した言語活動を具体的にどのように展開すればよいのかを学習指導要領が示す言語活動例に基づいて，実際のテキストを用いて考えてみましょう。

　中学校学習指導要領（2018）では，「簡単な語句や文で書かれた日常的な話題に関する短い説明やエッセイ，物語などを読んで概要を把握する活動」として次のような言語活動の例が取り上げられています。

　　　例えば，諸外国の中学校生活を紹介している短い文章を読む際に，それぞれの情報の関係を示す接続詞に注目させながら文章の流れを理解するためのキーワードを拾わせ，全体としての内容を数文の英語でまとめさせたりするなどの活動が考えられる。(p.60)

この言語活動例における「テキストタイプ」と「領域」を整理すると次のようになります。

　テキストタイプ：Factual（事実的）な短い文章
　目的：中学校生活についての事実・情報の提供（事実型のテキスト）
　領域：読むこと

　ここでは，受容面「読むこと」に焦点を当てた言語活動が述べられています。教科書の教材に例を求めれば，次のようなテキストがこの言語活動に適していると考えられます。

　　教材：Lesson 5 "School Life in the U.S.A.", *NEW CROWN English Series 1*, pp.83-91. 三省堂

USE Read

From: Lisa Smith
To: My Friends in Japan
Subject: Life after School

Dear friends,
Here are pictures of my friend and me.　We do many things after school.

I am in the first picture.　I am working as a volunteer.　I am reading a book with a child.　She is lovely.

My friend, Kevin, is in the next two pictures.　In one picture, he is throwing a football.　In the other picture, he is running a sprint.　He is on the football team in the fall.　In the spring, he is on the track and field team.　He likes sports.

What do you do after school in Japan?　Please send an e-mail to me.

Your friend,
Lisa

　この単元では言語材料として「現在進行形」が扱われています。また，習得した知識・技能を活用して友だちから届いたメールを読む活動が設定されています。メールの内容は，アメリカの中学校生活について事実や情報を伝える「説明文」です。

教科書に示されている言語活動の中心は，学習した「現在進行形」に関する知識・技能を活用して「概要」を捉えさせるために「読み取り」の段階（Stage 1, 2）が用意されており，概要を英語で表にまとめる指示がされています。ここまでは，学習指導要領の言語活動例に示されているように，読んだ内容を「全体としての内容を数文の英語でまとめさせたりする」活動が準備されていることが分かります。

「情報の関係を示す接続詞に注目させながら文章の流れを理解するためのキーワード」を拾わせることについては，「情報の関係を示す接続詞」は未習事項ですので本文で使用されていません。だからと言って，既習事項として本文に出現するまで待つのでなく，接続詞を使わなくても文章の流れをよくしている工夫がみられます。"... the next two pictures. In one picture, ... In the other picture, ..." などの部分がそれにあたります。「概要」の把握だけでなく，こうしたことに気づきを促し，談話構造を分析する指導も必要です。

さて，このパートでは最後に「リサに返信のメールを書こう」（Stage 3）という活動が用意されていています。ここを見れば統合する領域は「書くこと」であることは明らかなのですが，「どういう目的で，何を書くのか」までの指示はありません。それは，リサからのメールの内容を正確に把握し，コミュニケーションを行う目的や場面，状況を自分で判断する力を高めていく必要があるからです。

次の図3.1は，「外国語教育における学習過程」（中学校学習指導要領解説，p.13）とこの教材の「学習活動と指導のポイント」を「言語能力を構成する資質・能力が働く過程」（中央教育審議会答申，別紙2-2）を参考に整理したものです。

このように整理すると，複数の領域が関連付けられた統合的な言語活動が，一連のコミュニケーション・プロセスの中で行われることがよく分かると思います。また，「読むこと」と「書くこと」の領域が一連のコミュニケーション・プロセスの中で有機的な関連を持っていることも分かりますので，それぞれの領域固有の活動が単に組み合わせられているのではなく，文字を介しての「やり取り」（written interaction）という領域での必然的な統合であると捉え

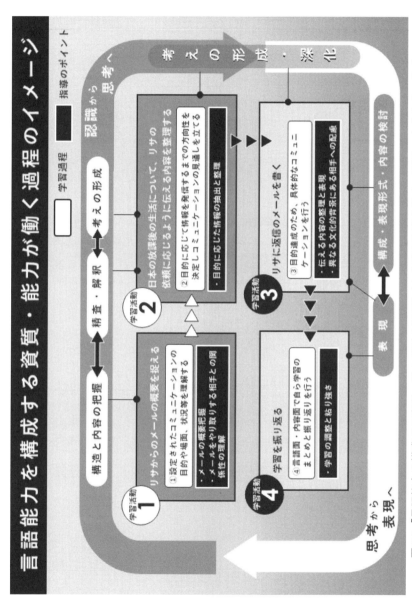

図3.1「言語能力を構成する資質・能力が働く過程」(中央教育審議会答申, 別紙2-2) を参考に作成

ることがこの言語活動の本質をより適切に理解するポイントです。

　ここで使用したテキストは事実型のテキストであり，書かれている事実の概要を捉えることを目標としました。したがって，概要を捉えるためにメールに書いてある情報から事実を抽出・整理することを目的とするのであれば，第2章で紹介した「Factual Questions（事実関係を尋ねる発問）」が利用できます。教科書に掲載されている「メールの概要を表にまとめよう」という発問がそれにあたります。では，このテキストから「Inferential Questions（推論を求める発問）」を考えることはできないのでしょうか。テキストタイプが事実型であっても，発問の種類を変えてみれば発信面での言語活動に幅を持たせることができます。

　教科書では，事実型情報のやり取りで言語活動を終えていますが，相手の情報に対して「同意」を表したり，不明な点を「確認」したりする「意味のやり取り」が日常のコミュニケーションでは行われます。では，この章のまとめとしてもう一度リサからのメールを読んで，読みを深めるための「Inferential Questions（推論を求める発問）」を作成してください。発問によって，情報に加えて自分の考えを伝達する活動へと言語活動が自然な広がりを持つようにします。なぜなら，そうした活動の積み重ねこそが，生徒に「英語で聞いてみたい」「英語で表現してみたい」という発信面での原動力を培うことになるからです。

　また同時に，このような発問の工夫が，受容面において「読むこと」が内容の解釈に力点を置いた Reading Comprehension（英文読解）で終わらず，Critical Reading（複眼的な視点を持った読み方）の基礎力を育成することが期待できるようになるからです。

5．まとめ

　「リサからのメール」は，「事実・情報を伝えること」を目的とした「事実型のテキスト（説明文）」として捉え，メールの概要を把握して返信をすることを主な言語活動としました。概要把握のための発問は事実関係を尋ねる発問と

して「メールの概要を表にまとめる」タスクを課しました。ここではさらに，返信をする際にリサにメールの内容についての質問ができるようするための推論（Inferential Questions）を求める発問をいくつか考えてみましょう。

【参考・引用文献】

卯城祐司（2009）『英語リーディングの科学—「読めたつもり」の謎を解く』研究社

齋藤孝（2015）『考え方の教室』岩波書店

田中武夫・田中知聡（2009）『英語教師のための発問テクニック—英語授業を活性化するリーディング指導』大修館書店

中央教育審議会（2016）『幼稚園、小学校、中学校、高等学校及び特別支援学校の学習指導要領等の改善及び必要な方策等について（答申）』

根岸雅史ほか（2021）"NEW CROWN English Series 1" 三省堂

文部科学省（2018）『中学校学習指導要領（平成29年告示）解説　外国語編』開隆堂

文部科学省（2019）『高等学校学習指導要領（平成30年告示）解説　外国語編　英語編』開隆堂

コラム ③

「主体的に学習に取り組む態度」の「主体的に」の意味

　学習指導要領の改訂で全ての教科等の目標や内容が「知識及び技能」，「思考力，判断力，表現力等」，「学びに向かう力，人間性等」の育成を目指す資質・能力の3つの柱で再整理されました。そして，このことに伴い評価の観点は各教科を通じて4つの観点から「知識・技能」「思考・判断・表現」「主体的に学習に取り組む態度」の3つに整理されました。

　特に，「関心・意欲・態度」という観点が「主体的に学習に取り組む態度」という表現に変わったわけですが，何故，「学習に取り組む態度」ではなく「主体的に学習に取り組む態度」なのでしょう。「主体的に」とはどういうことなのでしょう。また，従前の「関心・意欲・態度」と何が異なっているのでしょう。

　文部科学省が示した『「指導と評価の一体化」のための学習評価に関する参考資料　中学校　外国語』には，「主体的に学習に取り組む態度」に触れて「単に継続的な行動や積極的な発言を行うなど，性格や行動面の傾向を評価するということではなく，（中略）自らの学習状況を把握し，学習の進め

方について試行錯誤するなど自らの学習を調整しながら，学ぼうとしているかどうかという意志的な側面を評価することが重要である」（下線，引用者）と述べています。

　これまで「関心・意欲・態度」という観点については，その直感的な理解から挙手の回数や課題の提出状況などで評価されるという誤解があったことは事実です。外国語科においては，「コミュニケーションへの関心・意欲・態度」とされていましたが，「コミュニケーションへの」の部分が正しく理解されなかったことが原因として考えられます。したがって，名称は「主体的に学習に取り組む態度」と変更されましたが，本来評価するべき点を改めて示したものであると考えてよいと思います。

　さて，「主体的に学習に取り組む態度」の評価で重要とされている「意志的な側面」は，「学習の調整」と「粘り強さ」の２つの側面を評価することが求められています。一方で，さらに重要なのは「主体的に」という言葉が持つ意味です。先述の「参考資料」では「自らの」という表現に吸収されていると思われますが，この観点の主旨を理解するためには誤解があってはならないポイントです。

　「主体的に」ということは「積極的に」ということと等価ではありません。「主体的に」を「自分で」という言葉に置き換えてみるとこの観点の主旨が見えてきます。「自らの学習状況を把握し」は「自分で学習状況を把握し」となり，「自らの学習を調整しながら」は「自分で学習を調整しながら」ということになります。つまり，自分の学習過程とその達成度を一段高いところから客観的に捉え認識する「メタ認知」の能力を評価するということがこの観点の主旨です。

　その際の評価方法や評価材料について「参考資料」が具体例をあげていますが，要となるのは「言語活動」を終えた後や単元の終了時における「振り返りシート」の質だと思います。パフォーマンスの出来栄えを自己評価させて数値を選ばせるだけでは「学習の調整」は起きません。代表生徒のパフォーマンスを見たり，ペアやグループで助言を受けたりする，「観察」の対象となる「他者」の存在が欠かせません。「観察」によってより良いパフォーマンスにするための意味が発見され，「学習の調整」へと向かうのです。「メタ認知」は一人では育ちません。「対話的に学ぶ」とはそういうことを言うのです。

第4章

「指導目標」の設定と 「指導計画」の作成

1．指導目標
2．言語活動と指導の区別
3．指導目標の設定
4．指導計画作成上の留意点
5．まとめ

Warm-up

　この章では，言語活動を考える際に注意する点，目標を設定する際に持つべき視点，指導計画を作成するうえでのポイントについて紹介します。まず，本章で取り上げるテキスト例〔Lesson 4 "Uluru"〕を教材として，テキストタイプ，発問の種類，統合的な言語活動などの観点から具体的な発問や言語活動をできるだけ多く考えてみてください。

1．指導目標

　ここでは，教材研究を授業計画にどのように反映させればよいかについて考えていきます。教材のテキストタイプを確認し，テキストを読みながら多くの発問を考え，言語活動をイメージしていざ実践としたいのですが，その前に考えておくべき2つの大切なプロセスが残っています。「指導目標」（何ができるようになるか）の設定とそれに基づく「指導計画」（どのような手順で目標を達成させるか）の作成です。

　単元の目標が生徒の実態とあまりにもかけ離れていると，目標達成は困難になります。粘り強い努力によって達成可能な目標を設定することが重要です。目標の設定をするということは，生徒に目標を達成させる責任を教師が負うということです。したがって，生徒が自ら学習の調整を行い（**主体的な学び**），教師や友人らの支援を得て（**対話的な学び**），自らの変容を実感できる（**深い学び**）授業をデザインすることが不可欠です。

　先にも述べましたが，教材研究では教科書に見えている部分のみに注意が向かう傾向にあり，言語材料の習得だけが目標の中心となることがあります。たとえば，「現在完了形を用いた文の意味や構造を理解する」などが第1の目標としてあげられ，「間違えることを恐れず，現在完了形を用いて積極的に英語で話す」などが加えられている目標がそれにあたります。

　たしかに，言語材料の習得は言語使用のための基礎となりますから，無くてはならないものです。しかし，言語材料の習得を目標とした活動はどうしても機械的な活動が多くなり，「実際に英語を使用して互いの考えや気持ちを伝え合うなど」の言語活動とかけ離れてしまいます。学習指導要領が示している言語活動は「意味内容に重点を置いた」活動であり，習得する言語材料を活用して意味を伝え合う活動のことです。

　たとえば第3章で紹介した中学校学習指導要領解説「読むこと」の言語活動の一つを例にとってまとめると次のようになります。

　　「簡単な語句や文で書かれた日常的な話題として，諸外国の中学校生活を紹介している短い文章を読ませ，接続詞に注目させながら文章の流れを理解するためのキーワードを拾わせ，全体としての内容を数文の英語でまとめさせたり，ペアやグループになり，読み取れたことについて生徒同士が考えを交流する」。(中学校学習指導要領解説　pp.59-60を参照)

　ここでは，日常的な話題をテーマとした教材について，「読むこと」と「話すこと」または「書くこと」が統合された言語活動が例として示されていて，このような言語活動を計画的に，そして継続的に指導することによって，言語能力を高めていくことが期待されています。

　そして，このような言語活動を通して領域別に設定された英語の目標の実現を目指し，外国語科の目標が示す資質・能力を身につけさせていく道筋が学習指導要領に示されたグランドデザインです。ですから，単元で設定される目標は学習指導要領が示す目標の下位目標として位置づけ，段階的に言語活動をくり返して行うことで，より上位の目標を達成させるように計画することがポイントになります。

2．言語活動と指導の区別

　従来，「言語活動」という用語は次に示す2つの活動があまり区別することなく用いられてきました。

　①　言語形式に重点を置いた活動
　②　意味内容に重点を置いた活動

　しかし，新しい学習指導要領では，この2つの「活動」は次のように明確に区別されました。

中学校学習指導要領解説（p.85）（太字，引用者）

第2章　外国語科の目標及び内容
　3　指導計画の作成と内容の取扱い
　　(1) 指導計画の作成上の配慮事項
　　　(1)のウ　実際に英語を使用して互いの考えや気持ちを伝え合う
　　　　　　　などの**言語活動**を行う際は，2の(1)に示す言語材料について理解したり練習したりするための**指導**を必要に応じて行うこと。（略）

高等学校学習指導要領解説（p.126）（太字，引用者）

> 第3章　各科目にわたる指導計画の作成と内容の取扱い
> 第1節　指導計画作成上の配慮事項
> 　　1の(5)　実際に英語を使用して自分自身の考えを伝え合うなど
> 　　　　　　の**言語活動**を行う際は，既習の語句や文構造，文法事項
> 　　　　　　などの学習内容を繰り返し**指導**し定着を図ること。

　学習指導要領では，「① 言語形式に重点を置いた活動」は言語活動ではなく「指導」とされ，「② 意味内容に重点を置いた活動」が「言語活動」と位置付けられました。ここでは，改訂前の学習指導要領が「言語活動の取扱い」について，「実際に言語を使用して互いの考えや気持ちを伝え合うなどの活動を行うとともに，(3)に示す言語材料について理解したりする活動を行う」（文部科学省，2008，p.19）と示していた2つの「活動」が区別され，言語活動の捉え方が明確に示されたことに注意しなければなりません。

　この変更は，「言語材料について理解したり練習したりすることが目的となって，単に繰り返し活動」しているものを「言語活動」として扱い，「生徒が言語活動の目的や言語の使用場面を意識して行う」活動が教室内で行われていないという課題を解決するためであると思われます。おそらく，言語規則習得のための練習場面において，記憶したことをペアになって吐き出させることが中心の活動も言語活動であると捉えられたことに原因があるのでしょう。

　もちろん，①と②の活動の間に明確な線引きがあるわけではありません。指導計画を練る中で教師がどちらの活動に軸足を置いた活動とするのかに依るところも大きいのです。つまり，②を意図した活動の後で生徒のパフォーマンスを見取り，①の指導にもう一度立ち返るが必要であると判断すれば，活動の枠組みはそのままに①を意識した活動へと変更を加える柔軟性があってもよいと思います。

　また，「指導」と「言語活動」を外国語習得の三つの習得段階（第1章，p.3を参照）から見れば，①の「指導」は「分かる段階」から「使える段階」の正確な運用を目的とした練習段階であり，②の「言語活動」は「使える段階」から「使う段階」の適切な運用を目的とした活用の段階を指しているものとみ

なすことができます。そして，「時間差テスト」（根岸，2010，pp.112-116）において既習の言語形式を自ら選択，活用してタスクを行うことができているかどうかを評価することで，言語材料が定着しているかどうかが分かります。

3．指導目標の設定

　それでは具体的な教材を用いて，Warm-upで考えたことも参考にしながら「指導目標」を作成してみましょう。

　教材：Lesson 4 "Uluru", *NEW CROWN English Series 2*, pp.51-59. 三省堂

GET Part 1　　陸が，8月にオーストラリアに帰っていたケイトと話しています。

Riku: How did you spend your time in Australia?

Kate: My aunt invited me to her home in Sydney.　We went sightseeing every day.　I'll show you some pictures.

Riku: Oh?　You are wearing a coat and gloves.　Was it cold?

Kate: Yes.　It was the middle of winter there.

Riku: Now I remember.

　　　Q & A　Why was Kate wearing a coat and gloves in Sydney?

POINT

Amy will give a watch to Koji.

I will **give him a wallet.**

　　　　　（giveのあとの語順に注目して，2つの文を比べよう。）

GET Part 2　オーストラリアで撮影された写真を見せながら，ケイトが話しています。

　　Look at this picture.　This giant rock is very special to the Anangu, the native people.　They call it Uluru.　When British explorers saw it in 1873, they named it Ayers Rock.　This hurt the Anangu and made them sad.　Now many people call it Uluru to respect the Anangu's traditions.

Q & A　What are the names of the rock?

POINT

　　This is my friend, Thomas.
　　We **call him Tom.**　　　　　(himとTomはどんな関係かな。)

　　I like this picture book.
　　It **makes me happy.**　　　　(meとhappyはどんな関係かな。)

USE Read　オーストラリアのガイドブックに，ウルルについて書かれたコラムが掲載されています。

Uluru

① 　Uluru is a famous place in Australia.　It looks like a mountain, but it is actually a very big rock.　During the day, its color is brown. However, at sunrise and sunset, it looks red.　Uluru is part of a national park.　The park attracts many tourists and is now a UNESCO World Heritage Site.

② 　To the native people, the Anangu, the rock is a sacred place.　It is the place of their ancestors.　They started living in the area around the rock over 40,000 years ago.　The Anangu have a traditional law to protect the sacred sites.　They deeply respect the rock and everything around it.

③ 　The Anangu welcome you to Uluru.　They will teach you their history.　They will show you their art.　They will also share their

culture and society with you. Please consider their traditions before you act. Do not take rocks as souvenirs. Do not take pictures of the sacred places. Instead, you can walk around Uluru. You can watch the sunrise and sunset on Uluru.
④ Your consideration will make the Anangu happy and make your stay in the park better.

　この単元のおもな目標をどのように設定すればよいでしょうか。単元は，GET Part 1 ではオーストラリアに帰っていたケイトと陸との対話で始まり，GET Part 2 ではケイトが世界遺産ウルルの写真を見せながら話をしています。そして，USE Read ではまとまりのある文章を読むという構成になっています。

　まず，USE Read の部分に着目します。ここは「読むこと」の活動が中心となります。このような時，よく見られる例として「世界遺産ウルルとオーストラリア先住民のアナング族とその文化について知る」などが目標として設定されることがあります。しかしこの目標には，内容を読み取るための読解スキルについての言及がありません。英語科で育成する資質・能力の中心は，「言語能力」の育成に他なりません。ここが，目標を設定する際の大切な視点です。

> 目標は「何ができるようになるか」を視点に

　また，同時にテキストタイプについても確認をしておく必要があります。このコラムのテキストタイプは，「Factual（事実的）」であり，さらに「特定の話題に関して意見を述べる」ことを目的とした「説得型」の文章，いわゆる「意見文」です。このタイプの英文を読む時には，「事実」を述べている部分と，「意見」を述べている部分を区別して読みながら，書き手が最も伝えたいことは何かを判断して捉えなければなりません。そこが，要点となるからです。教材研究の際は，このことに注意して発問を考える必要があります。

　したがって，USE Read において「読むこと」を中心とした言語活動を行わせるならば，英語科として設定すべき目標の一つは，次のような目標にする必要があります。

> 「オーストラリア先住民についての英文を読んで，自分の意見や考えを伝えるために，英文の要点を捉える」。

　このように，USE Read では「意見文を読んで要点を捉える」ことをおもな目標として設定しましたが，この言語活動と GET Part 1, Part 2 における指導との接続はどう考えればよいのでしょうか。GET は USE Read における言語活動のための言語材料導入の役割を担っているだけなのでしょうか。4文型と5文型の文法規則の習得のためのダイアログとモノローグに過ぎないのでしょうか。

　もう一度，この2つのPartを「言語の働き」という観点から注意深く読んでください。Part 1 では陸が "How did you spend your time in Australia?" と話を切り出し，自分から会話のきっかけを作っています。ここを日本語に置きかえて済ますのではなく，「話すこと〔やり取り〕」において即興で会話を継続・発展させる活動の「話の切り出し方」を習得させるモデル例として扱うことができないでしょうか。

　帯活動に「チャット」を取り入れている場合，与えられたトピックについて会話を継続させる活動が続くと生徒はやがてその活動に飽きてしまい，活動意欲が下がってしまうことがあります。そのような時に，「話の切り出し方」のモデルとして陸の発話を活用すれば，会話の主導権を握ったまま会話を継続するスキルを身につける練習にもなると考えられます。

　またさらに，陸が "Oh? You are wearing a coat and gloves. Was it cold?" と相手が見せた写真に関連した質問をして会話を継続させています。そして，会話の終わりには相手の情報に応答して会話を終了させています。

　このように見ると，Part 1 は英語での「やり取り」の場面でよく陥る沈黙を回避するために，会話の流れや方向性をどのように決めたらよいか，どのように会話を継続すればよいかについてのモデルを示しているものと捉えることもできることが分かります。指導方法としては，役割を決めてロールプレイをして終わるのではなく，モデル文において話を切り出している部分と話を終了させている部分だけを型として示しておき（Discourse Skeleton），途中のや

り取りはペアで自由に考えさせ，会話を継続させるすべを実感させることが考えられます。

　続いて Part 2 を見てみましょう。ここでは，ケイトが1枚の写真を見せながら説明をしています。6文で構成されプレゼンテーションのモデルとして活用できそうです。このプレゼンテーションをモデルとさせるための指導のポイントはどこにあるでしょうか。「写真を1枚持参して，この英文をモデルにプレゼンテーションをしなさい」という指示だけでは，生徒はどの部分を「モデル」にすればよいのか分かりません。

　モデルから学ぶということは，「対話的に学ぶ」対象があるということです。「対話的に学ぶ」ということは，対象を「観察」しなければならないということです。つまり，「観察」を通してそのモデルに内在する意味を「抽出」し，自分用に適用することが「対話的な学び」になるのです。

　そして，「観察」には「分析の視点」が必要不可欠です。もう一度，「情報の流れ」に注目して英文を読んでください。このプレゼンテーションが優れている点は，情報が大まかな内容から具体的な内容へと配置されていて，聞き手にとって内容が分かりやすく展開し，構成されています。この「聞き手に配慮したスピーチ」の構成が「分析の視点」となります。

> 対話的な学習：「観察・分析」⇒「意味の抽出」⇒「自分なりの適用」

　モデルとして教材を観察させる際には指示の仕方にも気をつける必要があります。例えば，「情報の流れはどのような工夫がされていますか」という発問では生徒にこの視点が具体的に伝わりません。実際に "Look at this picture." より後の文を並べかえさせたりすることで，「話し手として伝えたい内容の順番や聞き手に分かりやすい展開や構成」を視点に考えさせ，教科書に示された英文がモデルとしてふさわしい理由に気づかせる必要があります。そして，その理由を考えることによって，「伝える情報は，大まかなことから細かなことへ展開させる」という分かりやすさを目的とした，英文を産出するための汎用的な基本ルールを実感しながら身につけていくことができるのではないでしょうか。

　したがって，Part 2 をプレゼンテーションのモデルとして扱い言語活動を

行わせるならば，次のような指示が考えられます。なお，この言語活動は本単元のメインタスクを設定する際のサブタスクとして位置づけることもできますし，"Show & Tell" として帯活動に組み入れることも可能です。

> 「聞き手にとって分かりやすいスピーチにするために，伝えたい内容の展開や構成に注意して，自分が行きたい観光地について，写真や絵を使いながら5～6文のスピーチをしなさい。」

ここまでの内容を「言語材料」「言語活動」「領域の統合」という観点から整理すると下の表（表4.1）のようになります。

表4.1 「中学校学習指導要領解説」の「2. 内容」を参考に整理・作成

言語材料 ・指導上の留意事項	Part 1：[主語＋動詞＋間接目的語＋直接目的語（名詞）] 　・間接目的語と直接目的語の役割や位置に注意させる。 Part 2：[主語＋動詞＋目的語＋補語（名詞，形容詞）] 　・Part 1の文構造との違いに気づかせる。
言語活動 ・指導上の留意事項	Part 1：「やり取り」のモデル 　・会話の切り出し方，継続の仕方を学ぶ。
	Part 2：自分が行きたい観光地について，聞き手に配慮した簡単なスピーチをする。 　・スピーチの内容の展開や構成について考えさせる。
上記の言語活動と結びつける領域と内容	USE Read：あるテーマについての英文を読んで要点を捉える。 　・書き手が最も伝えたいことは何かを判断させる。
	「USE Read」と「やり取り」 　・英文を読んで捉えた要点について，考えたことや感じたこと，その理由などを述べ合う。 「Part 2」と「USE Write」 　・Part 2で学習した「聞き手に配慮したスピーチの仕方」を活用して，自分が行ってみたい国について，事実や考えなどを整理し，「導入－本論－結論」の文章構成の特徴を意識しながら，全体として一貫性のある文章を書いて発表する。

　Lesson 4 "USE Write" では「行ってみたい国についてエッセイを書こう」という言語活動が，「海外の航空会社が募集しているエッセイコンテストに応募すること」を目的として設定されています。そこで「上記の言語活動と結びつける領域」では，行きたい国について自分の考えを文章構成（導入―本論―結論）に従って「整理」し，全体として一貫性のある文章を書くことを言語活動としてまず示しています。

　そして，「書くこと」における活動をお互いに読んで終わりとするのではなく，スピーチ原稿として活用（発表）することで，Part 2 における学習とのつながりが見えてきます。そうすることによって，一つの単元で扱われる言語材料が，複数の言語活動の中で何度も繰り返し使用される機会が生まれ，「理解や練習」と「実際の使用」のサイクルを作ることができます。

　このように作成した言語活動をもとに，指導目標を評価の観点ごとに作成・整理すると次の表（表4.2）のようになります。

表4.2　単元の目標と評価の観点との関係

評価の観点	単元の主たる目標
知識・技能	・文構造［主語＋動詞＋間接目的語＋直接目的語（名詞）］や［主語＋動詞＋目的語＋補語（名詞，形容詞）］に関する特徴やきまりを理解する。
思考・判断・表現	・聞き手にとって分かりやすいスピーチにするために，伝えたい内容の展開や構成に注意して，自分が行きたい観光地について，写真や絵を使いながら5～6文のスピーチをする。 ・オーストラリア先住民についての英文を読んで，自分の意見や考えを伝えるために，英文の要点を捉える。
主体的に学習に取り組む態度	・聞き手にとって分かりやすいスピーチにするために，伝えたい内容の展開や構成に注意して伝えようとする。

4．指導計画作成上の留意点

　教材研究を通して，具体的な言語活動や単元の指導目標が設定できました。さて，いよいよここからはこれらの目標を達成するための指導の手順を検討す

る段階，すなわち「指導計画の作成」の段階です。

　「指導と評価の一体化」ということがよく言われます。これは指導と評価を同時に行うことを意味しているわけではありません。言い換えると，「評価結果を次の指導に役立てる」ということです。評価は指導した内容を評価するわけですから，評価の低さを生徒の責に帰すのではなく，まず自らの指導方法を振り返る必要があります。目標の設定が大きいと，それだけ大きな責任を負うことになります。あまり高すぎる目標は立てず，生徒が達成可能で，達成に向けて学習の調整を生徒自らが行えるレベルにすることがポイントです。

　さて，次の例（図4.1）で示した指導計画は，文法構造中心の指導手順「presentation（導入）— practice（練習）— production（産出）」，つまり「パート別完結授業」を表した単元計画ではありません。毎時間，言語材料の習得を主たる目標にすれば，その型でも効率よく授業が成立するのですが，それではなかなか意味内容に重点を置いた言語活動を中心とした授業を計画することができません。一方で，そのような言語活動のみを行う時間を特別に設ければよ

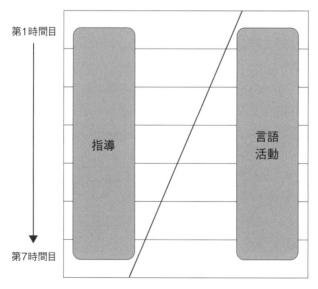

図4.1「スラッシュ型授業構成のイメージ」（松浦，2011, p.58）をもとに作成）

いという考えもありますが，それでは言語材料を言語活動と効果的に関連付けることが難しく，実際のコミュニケーションにおいて活用できる技能をなかなか身につけることができません。言語活動は単元の添え物としてではなく，中心となるべきです。

そこで，松浦（2011）が提案する「スラッシュ型授業構成」を参考に指導計画のイメージを作成してみました。スラッシュ型授業構成とは，どの時間も「言語材料の指導」と「言語活動の指導」が含まれますが，言語材料の指導を中心とした時間から徐々に言語活動中心の時間に移行させていく単元構成モデルです。

このモデルにおける重要なポイントは以下の通りです。

> ・「言語材料」の「指導」の割合は徐々に減っていくが，理解や演習の割合が減少するのであり，「言語材料」自体は「言語活動」の中で「技能」として活用されること。
> ・「言語活動」が占める割合は単元の後半になると大きくなるが，最後に突然負荷の高い「言語活動」が配置されるのではなく，設定した目標を調節しながら負荷の低い「言語活動」をメインの「言語活動」の前に複数配置して，生徒に練習とリハーサルの機会を十分に与えること。

5．まとめ

76ページの表（表4.3）に示した指導計画は，第3章で扱った教材（Lesson 5 "School Life in the U.S.A."）をもとに作成しています。ここでは，言語材料の導入に関する部分（GET, Part 1～2）を加えて示しています。この指導計画を参考にして，本章で扱った教材（Lesson 4 "Uluru"）についての指導計画（表4.4）を完成してください。配当時間は7時間とします。

教材：Lesson 5 "School Life in the U.S.A.", *NEW CROWN English Series 1*, pp.83-91. 三省堂

GET Part 1 マークがクラスのみんなに，アメリカの学校生活について話しています。

Students choose their own classes at this school. Every student has a different schedule.

Look. This boy is going to his music class. He is holding a flute case. This girl is carrying her gym shoes for P.E. class

Q & A Do the boy and girl have the same schedule?

POINT

Tom studies math every day.

Tom **is studying** math now.

（every dayとnowのちがいを考えながら，2つの文を比べよう。）

GET Part 2 写真を見ながら，花とマークが話しています。

Hana: Are these students eating lunch?

Mark: Yes, they are. Some students bring lunch from home. Others buy lunch at the cafeteria.

Hana: What is the boy eating?

Mark: He's eating a taco. It's a popular food from Mexico.

Q & A Where do the students get their lunch?

POINT

● *Tom is studying math now.*

● Is Tom **studying** math now?

Yes, he **is**.

No, he **is not**. （isの位置に注目して，●と●の文を比べよう。）

USE Read

From: Lisa Smith
To: My Friends in Japan
Subject: Life after School

Dear friends,

Here are pictures of my friend and me. We do many things after school.

I am in the first picture. I am working as a volunteer. I am reading a book with a child. She is lovely.

My friend, Kevin, is in the next two pictures. In one picture, he is throwing a football. In the other picture, he is running a sprint. He is on the football team in the fall. In the spring, he is on the track and field team. He likes sports.

What do you do after school in Japan? Please send an e-mail to me.

Your friend,
Lisa

表4.3 国立教育政策研究所『「指導と評価の一体化」のための学習評価に関する参考資料　中学校　外国語』を参考に作成

次	目標（■），主な学習活動	主な指導
第1次	■単元の目標を理解するとともに，外国の学校の授業の様子の写真について状況を説明する。 第1時：教科書の内容理解を通して現在進行形（肯定文）の使い方を知る。 第2時：写真の人物が何をしているかについてペアで伝え合う。	・現在進行形（肯定文）の特徴やきまりの確認 ・教科書本文の内容理解 　（語句の意味・発音，音読）
第2次	■学校行事や部活動などの写真を用いて，事実などを整理しながらペアで伝え合う。 第1時：教科書の内容理解を通して現在進行形（疑問文）の使い方を知る。 第2時：学校行事や部活動などの写真を用いて，事実などを整理しながらペアで伝え合う。また，話した内容を踏まえて，それらを説明する文章を書く。	・現在進行形（疑問文）の特徴やきまりの確認 ・教科書本文の内容理解 　（語句の意味・発音，音読）
第3次	■リサからのメールに返信するために，日本の学校生活について，事実や自分の考えを整理し簡単な語句や文を用いてまとまりのある文章を書く。 第1時：リサからのメールの概要を捉える。 第2時：日本の学校の放課後の生活について，伝える内容を整理し，返信メールの原稿を書く。 第3時：原稿を読み合い，改善点等を話し合う。 　　　言語面・内容面で自ら学習のまとめと振り返りを行う。	・メールの概要把握 ・メールをやり取りする相手との関係性の理解 ・目的に応じた情報の抽出と整理 ・伝える内容の整理と表現の工夫 ・異なる文化的背景にある相手への配慮 ・ピア・フィードバック ・個人指導 ・自己目標の達成状況の振り返りと，次の課題の明確化

表4.4　Lesson 4 "Uluru" 指導計画

次	目標（■），主な学習活動	主な指導
第1次	■ 第1時： 第2時：	・ ・
第2次	■ 第1時： 第2時：	・ ・
第3次	■ 第1時： 第2時： 第3時：	・ ・ ・ ・ ・

【参考・引用文献】

国立教育政策研究所（2020）『「指導と評価の一体化」のための学習評価に関する参考資料　中学校　外国語』

根岸雅史（2017）『テストが導く英語教育改革「無責任なテスト」への処方箋』三省堂

根岸雅史ほか（2021）"*NEW CROWN English Series 1*" 三省堂

根岸雅史ほか（2021）"*NEW CROWN English Series 2*" 三省堂

松浦伸和ほか（2011）『[平成24年度版]観点別学習状況の評価規準と判定基準[中学校外国語]』図書文化社

文部科学省（2008）『中学校学習指導要領解説　外国語編　平成20年』開隆堂

文部科学省（2018）『中学校学習指導要領（平成29年告示）解説　外国語編』開隆堂

文部科学省（2019）『高等学校学習指導要領（平成30年告示）解説　外国語編　英語編』開隆堂

コラム ④

「目標」と「責任」

　学習指導案で示す「目標」は適切に設定されていますか。時に，学習指導要領の目標そのままではないかと思われるものもあります。学習指導要領が示している目標には到達点が具体的に示されているわけではありません。学習指導要領の目標は方向性を示していますが，各学校はそれぞれ実情に合わせて目標を具体的に設定する必要があります。その形式の一つが各学校で作成されるように求められているCan-Doリストなのです。

　中学校では，3年間の，学年ごとの，単元ごとの到達させるべき目標を各学校で設定する必要があります。高等学校においては科目ごとに学習指導要領で目標が設定されていますが，各学校が作成する教育課程に応じて到達させるべき目標を具体的に設定することは，中学校と本質的には同じです。

　何故，目標が高すぎるといけないのでしょう。それは，目標を示すということは学習者に対して到達可能な目的地を示すことになるからです。学習することで到達可能であるということを示すわけですから，その指導には到達させる「責任」と「義務」を伴います。したがって，到達できなかった場合は指導上の責任が問われることになります。

　単元の目標を設定するときに大切なのは，学習指導要領という「学びの地図」を参照しながら，学習者にとって到達可能な地点である目標を設定することです。その際の「目標の調整」は教師がその「責任」を負います。そして，到達させる「義務」を同時に担うのです。

　教師が理想として思い描いている高い目標は「見栄え」は良いのかもしれませんが，学習者には「自分には越えられそうにない壁」となるかもしれません。言語活動は「スモール・ステップ」の形式であることが大切であると言われますが，目標が適切に設定されていることが前提になります。また，目標からの「逆向き設計」の授業デザインということもよく言われます。「逆向き設計」にしても，「スモール・ステップ」を準備するにしても，どこから遡るのかが極めて重要です。「スモール・ステップ」のつもりで準備した言語活動がうまくいかなかったとき，学習者の習熟度や熟達度を確認すると同時に，設定した目標の適切さに問題がないかを検討する余地は十分にあるでしょう。

第5章
説明文の指導

1．どんな力をつけるのか
2．説明文の視点①　－Topic, Topic Sentence & Main Idea－
3．説明文の視点②　－段落（Paragraph）の構造－
4．まとめ

Warm-up

　「読むこと」の領域で必要な知識や技能とは何でしょうか。語彙や文法の知識が増えれば，呼応して読みの質も向上するのでしょうか。このことを考えるために，まず次の英文を読んで，この英文が分かりにくい原因を考えてみてください。

　I can usually understand her, but not when she is upset. I think she is complaining, but I don't know for sure. I wish I could make a translator app. Then she could tell me her feelings, and we could communicate better.

【出典】*NEW CROWN English Series 3*, p.90.（一部改変）

1. どんな力をつけるのか

　教科書教材は単に言語材料を提示する材料として用意されているものではないということはすでに述べました。複数の領域を結び付けた言語活動を行い，汎用的な資質・能力を身につけるための資源として見なすことが重要です。

　では，「説明文」の指導を通してどんなことができるようにすればよいのでしょうか。学習指導要領の目標には次のように示されています。

中学校学習指導要領解説（p.21）

> イ　日常的な話題について，簡単な語句や文で書かれた短い文章の概
> 　要を捉えることができるようにする。

> ウ　社会的な話題について，簡単な語句や文で書かれた短い文章の要
> 　点を捉えることができるようにする

高等学校学習指導要領解説「英語コミュニケーションＩ」（p.24）

> イ　社会的な話題について，使用される語句や文，情報量などにおい
> 　て，多くの支援を活用すれば，必要な情報を読み取り，概要や要点
> 　を目的に応じて捉えることができるようにする。

　高等学校の目標は中学校の目標を受けて設定されており，テキスト内で使用される語句の扱いには違いがありますが，共通する目標は「**概要や要点を捉える**」ことです。

　概要や要点を捉えさせる指導は学習指導要領（中学校は昭和52年改訂，高等学校は昭和53年改訂）で目標に盛り込まれました。このことについて，高梨・高橋（1987）は「日本の英語教育界にパラグラフの指導はもっと“高級”な文章になってからでよいとする誤解があることを物語っている」（p.189）と教員養成大学の教員へのアンケート結果に触れた上で，「論理の深層においては同

じでも，それを展開する表層においては文化圏特有のパタンがあるといっても
よい。このことから考えれば，概要・要点把握の基礎的な技能は中学英語の段
階から指導していかないと，なかなか身につかない，と言える」（p.189）と指
摘しています。その後約30年間にわたって概要や要点を捉えることが身につけ
るべき重要な力として位置づけられてきたわけですが，具体的な指導技術の改
善の余地はまだ多く残っているように思われます。

　概要や要点を捉えることができるようにさせるための指導技術としては，そ
のすべを身につけさせるための「発問」が必要になります。では，そのような
「発問」を作成するためには，「説明文」の教材研究の段階でどのような視点が
必要なのでしょうか。

2．説明文の視点①―Topic, Topic Sentence & Main Idea―

2.1. Topic

　Warm-up で示した英文の分かりにくさの原因は何でしょうか。それは，こ
のパラグラフに Topic の導入が欠落していることにあります。読み手は書か
れてあることを理解する際に，自分がすでに持っている知識（背景知識）と結
びつけながら読み進めますが，このパラグラフには関連づけを行うための話題
の提供がされていないのです。

　通常，私たちは文章を読み始めると同時に「この文章の Topic は何か」を
探りながら読み進めていきます。書き手の側も，文章の始めの方に Topic を
配置し，Topic をキーワードとして言い換えたり繰り返したりすることで，読
み手が Topic を捉えやすくなる配慮をします。では，先ほどの英文に Topic
が示されれば読みやすさにどのような違いが生じるでしょうか。

My cat, Becky, meows all the time. I can usually understand her,
but not when she is upset. I think she is complaining, but I don't
know for sure. I wish I could make a translator app. Then she
could tell me her feelings, and we could communicate better.

（出典）*NEW CROWN English Series 3*, p.90.（下線，引用者）

　この英文は Becky という飼い猫をTopicにして述べたものです。Topic が導入されることによって，読み手には，「飼い猫について何を述べるのだろう」という，これから述べられる内容への準備が整います。そして，下線部に続く具体的な説明を理解しながら，「猫の気持ちが分かるような翻訳機が欲しい」という書き手の要点を捉えることができるのです。

　Topic の重要性は，単にそれを知識として生徒に教えるだけではなく，このように Topic が明確に示されたものと示されていないものを比較したりするなどして「分析的」に考えさせることによって，その重要性が実感できるのではないでしょうか。

　特に，「説明文」を読んで概要や要点を理解するためには，Topic を捉えることが大変重要なスキルとなります。先ほどの英文のように文章内のすべての文構造や語彙が理解できていても，Topic を的確に捉えることが理解度を大きく左右します。Topic は文章における筆者の考えや事実を述べる「舞台」を整えてくれます。そして，読者は自分の知識や経験を「舞台背景」として補いながら，「まとまりのある」ストーリーの中で筆者の言わんとする内容を捉えるのです。

　Mikulecky, B.S. & Jeffries, L.(2012)は，Reading Skill の向上を目的とした教材の中で，Topic を次のように説明しています。(p.147)

　A topic a word or phrase that tells what something is about. English is a topic-centered language. Most nonfiction writing focuses on a topic. All the ideas and sentences are related to that topic.

　つまり，"My cat, Becky, meows all the time." の1文で段落の Topic が導入されることによって，読み手は方向性が与えられた結果格段に読みやすさが向上したのです。なお，この文は Topic Sentence と呼ばれますが，「説明文」を読むために身につけておくすべとして，その特徴と働きを押さえておく必要があります。次に，Topic Sentence と Main Idea（要点）との関連からそのことを考えてみましょう。

2.2. Topic Sentence & Main Idea

次の英文を読んでください。

　In some industrialized countries, people are retiring from work at an early age. This is especially true in Europe, where many workers retire at age 55. In 1970, about half the men aged 55 continued to work. Now, only about 10 - 30% of that age group continue to work. The reason for this trend is economic. Some European governments wanted people to retire early so that their jobs could go to younger people. But early retirement has created new economic problems. Governments are having trouble paying the pensions and health costs for all the additional retired people.

（出典）Mikulecky, B.S. & Jeffries, L. (1996). *"More Reading Power"*, p.91.

> **問い**　このパラグラフの Topic と Topic Sentence を指摘してください。また，Main Idea（要点）を述べてください。

　このような「問いかけ」（発問）は，「説明文」を読ませる際によく用いられるものだと思います。なぜなら，特定の単元にかかわらず，汎用性のある「問いかけ」として機能するからです。また，従来から学習指導要領でも「要点」を捉えることが目標の一つとされていましたし，入試問題においても「要点」が問われることが多く，その対策として指導の中に含められてきたとも思われます。

　しかし，このパラグラフの Topic を的確な語句で表せたり，Topic Sentence を迷うことなく捉えたり，Main Idea（要点）を英語一文（One Complete Sentence）でまとめたりすることができる生徒は案外少ないのではないでしょうか。つまり，Topic や Topic Sentence の理解があいまいなまま，「知識」としては知っているが「すべ」として機能していないことがあると思われます。

　このパラグラフの Topic は，"early retirement" です。第 1 文にそれは述べられていますし，後半では "early retirement" が再び文頭でトピックが登

場します。このあたりまでは，生徒の理解もほぼ問題なく進みます。問題は，Topic Sentence はどの文かということです。

　この発問に対して多くの生徒は，"In some industrialized countries, people are retiring from work at an early age." か "But early retirement has created new economic problems." のどちらかで迷います。なぜなら，談話標識である "But" に続く部分が筆者の主張部分であり，主張している部分が Topic Sentence であると考えているからです。しかし，このパラグラフの Topic Sentence は，"In some industrialized countries, people are retiring from work at an early age." です。なぜこのような迷いが生じるのでしょうか。

　迷いの原因は生徒の次のような思い込みにあると考えられます。

---

① 　Topic sentence = Main idea（要点）である
② 　Topic sentence はパラグラフ冒頭に置かれることが多い

---

①も②も間違いではありません。むしろ，説明文ではそのような構造が大部分ですし，このようなことを知っておけば，説明文を読むときに何が書かれているかを捉えることが容易になります。しかし，①，②を説明文のすべてに当てはめてしまうと先ほどのような迷いが起こる可能性が残ります。そこで，生徒には次のように各用語について，まず大まかな定義を与え，さまざまな構造から成る説明文に触れさせ，このことを段階的に指導することが重要です。

---

① 　Topic = 主題。"One paragraph, one single topic" であり，パラグラフ内のすべての文はその Topic に関連している。
② 　Topic Sentence = パラグラフで Topic を端的に導入する役割を担い，読者の理解を導きやすくするために冒頭に配置されることが多い。
③ 　Main Idea = Topicと Topic に関して書き手が最も伝えたいことを述べたもの。それは，Topic と Comment で構成される。そもそも，英文自体がこの構造（Topic - Comment 構造）で成り立っており，Main idea は主語（Topic）と述部（Comment）から成る英文1文で表すことができる。

多くの生徒はすべての Topic Sentence は Main idea であるという短絡的な理解から，上述の迷いが生じます。では，先ほどのパラグラフの構造をもう一度①〜③の定義に従って捉え直してみましょう。

---

① Early retirement
"retiring from work at an early age", "retire at age 55", "retire early", "early retirement" から，早期退職を中心に述べられていることが分かります。

② In some industrialized countries, people are retiring from work at an early age.
Topicを最初に導入しているのはこの第1文です。

③ The trend to early retirement is creating economic problems in Europe.
Topic（Early retirement）に関する Comment が述べられます。対比の構造（A but B）を取っている場合，その多くは書き手の力点がBにあります。

説明文の中にはパラグラフの冒頭部分で Topic Sentence を導入し，最も伝えたいことをその中に含め，あとは例証しながら Topic Sentence を支える型を取るものが多くあります。その場合は，Topic Sentence そのものが Main Idea（要点）であると判断して構わないのですが，**トピック・センテンスが「トピック⇒コメント型」になっているかどうか**ということが重要なポイントです。

例にあげた英文では，冒頭の文は Topic を導入するための事実を述べた文であり，筆者のコメントまで含まれていません。コメント部分はパラグラフの展開部分にありますから，主張部分が Topic Sentence であり，冒頭に来るという単純な理解が Topic Sentence の的確な把握の妨げになることがあると言えます。このような理解から生じる Main Idea の例として，次のようなものをあげています。(p.91)

a. Early retirement starts at age 55.

b. In some industrialized countries, more people are retiring early.

　a. の「早期退職は55歳から始まる」というのは，早期退職の具体的な内容に言及しているだけであり，b. の「先進国では，早期退職する人が増えている」というのは，要点の重要な部分である「早期退職がもたらした経済問題」を含んでいませんので，どちらもこのパラグラフの要点としてはふさわしくありません。

　この項で参照・引用した書籍は，"Basic Reading Power 1, 3rd ed.", "Reading Power 2, 4th ed.", "More Reading Power 3, 3rd ed." として改訂版が出版されており，説明文の指導の際に役立つアイデアが多く含まれていると思いますので，参考にしてみてください。

3．説明文の視点② ―段落（Paragraph）の構造―

　説明文を指導する際のもう一つの視点として，段落の構造面に着目しておきましょう。説明文の型は，Listing, Enumerative Development, Sequence, Chronological Development, Definition, Comparison-Contrast, Cause-Effect, Problem-solution, Argument, Classification などのように，同じ種類の型でありながら様々な分類名がありますが，指導面から考えて十分と思われる5つの型を紹介します。

　構造の型を知っておくことは，読み方の見通しを立てるためには必要な知識です。つまり，書き手がどんなふうに述べていくつもりなのか，何を最も伝えたいのかを知る手掛かりとして，書き手が利用する型を知ることは大変有効に機能します。この読み出しの段階で読みの方向性はほぼ決まってしまうと言ってもいいでしょう。

　では，説明文の型が比較的分かりやすく，平易な英文で書かれた「大学入試センター試験」で出題された問題文を例にとって確認してみましょう。

A) Listing of related ideas or examples（列挙型）

　この型では Topic に関連する具体的な内容がいくつかの項目にわたる場合に用いられます。次のパラグラフは "wearing proper shoes" を Topic とし

て取り上げ，そのことが足に与える問題の軽減につながるとコメントを述べる Topic Sentence から始まります。そして，適した靴を選ぶポイントが3つあると述べることが読み手に方向性を与えています。ここで読み手に靴のふさわしい3つの選び方を知りたいという期待を抱かせ，その期待に応えるように3つのポイントを列挙しているのです。

Wearing proper shoes can reduce problems with your feet. Here are some important points to think about in order to choose the right shoes. Make sure the insole, the inner bottom part of the shoe, it made of material which absorbs the impact on your foot when walking. The upper part of the shoe should be made of breathable material such as leather or cloth. When you try on shoes, pay attention not only to their length but also to their depth and width. Wearing the right shoes lets you enjoy walking with fewer problems.

【出典】センター試験本試（2017）

Topic Sentence:

Wearing proper shoes Topic	can reduce problems with your feet. Comment

Main idea: *Wearing proper shoes can reduce problems with your feet.*

B) Sequence（連続型）

この型では Topic に関連する事柄が時間的に「連続した」出来事や手順として述べられます。次の例は，かつてパイロットがアメリカを横断する際に，目印として活用していた巨大なコンクリート製の矢印の経緯を説明したものです。冒頭の1文でこの英文の Topic が「地上に作られた巨大なコンクリート製の矢印」であることが分かります。そして，この Topic に関連して，何故そのようなものが造られたのかが記述されています。

また，この型の文章を読む際には，時間的な連続を示す手がかりとなる語句（太字の部分）に注意させることが重要です。

When flying across the United States, you may see giant arrows made of concrete on the ground. Although **nowadays** these arrows are basically places of curiosity, **in the past**, pilots absolutely needed them when flying from one side of the country to the other. Pilots used the arrows as guides on the flights between New York and San Francisco. Every 16 kilometers, pilots would pass a 21-meter-long arrow that was painted bright yellow. A rotating light in the middle and one light at each end made the arrow visible at night. **Since the 1940s**, other navigation methods have been introduced and the arrows are generally not used **today**. Pilots flying through mountainous areas in Montana, however, do **still** rely on some of them.

【出典】センター試験本試（2019）（太字，引用者）

Topic Sentence: When flying across the United States, you may see
　　　　　　　giant arrows made of concrete on the ground.

Main idea: *Pilots used giant arrows on the ground as guides on the*
　　　　　flights in the United States.

C) Comparison / Contrast（比較・対照型）

　この型では，物事を2つの対立する視点から述べることによって，偏りのない客観的な説明をすることができます。また，異文化において相手が初めて接するようなものであっても，相手の背景知識にありそうなものと比較することによって，説明がうまくいくこともあります。例えば，英語で「浴衣」を説明する際には，欧米の文化において対応するものとして「バスローブ」と比較し，入浴後に着用するという機能面を類似点としてあげ，日本の旅館では「浴衣」のまま館内を移動することができることを相違点として説明すれば，相手は「浴衣」がどのようなものかをおおよそ理解することが可能です。次のパラグラフは，"transportation"「輸送手段」を Topic としてあげ，具体例を挙げながら個々の利点・欠点が述べられています。この型の指導においては，特に advantages and disadvantages に読み手の注意を向けさせている signal words（つなぎ言葉）に着目させることが重要です。

> In Japan, there are several ways of transporting goods. Each method has its own advantages and disadvantages. Transportation by air, **though** it can be expensive, is suitable for carrying goods which require speedy delivery. Ships, **on the other hand**, can carry large quantities at low cost, **but** it takes much time for them to reach their destinations. Trains can stop only at stations, **but** their arrival times can easily be estimated. **Although** trucks cannot carry much compared with trains, they are useful for carrying things from door to door. Such merits and demerits of each method of transportation should be taken into consideration, so the best way can be chosen, depending on the needs.

【出典】センター試験本試（2017）（太字，引用者）

Topic Sentence: In Japan, there are several ways of transporting goods.

Main idea: *Transportation should be chosen to suit our needs.*

D) Cause - Effect（原因・結果型）

　この型ではある出来事や行為が別の物事の原因あるいは結果であることが要点となる場合に用いられます。次の例では，"In the past, most Japanese TV shows started and ended exactly on the hour." が Topic Sentence です。過去形が使用されていることから「現在のテレビ番組が正時に始まり，正時に終わらない事実」が暗示されています。このことから読み手は，「テレビ番組の開始と終了の時間」を Topic として捉え，「現在のように変化したのはなぜだろう」という疑問を抱き，その原因を知ろうと期待します。そして，開始を早めたり遅らせたりすることで視聴者をつなぎとめる「テレビ局の strategy（戦略）」が説明され，それらが原因であることを理解するのです。

In the past, most Japanese TV shows started and ended exactly on the hour.　Because of competition, some networks tried to gain an advantage over their rivals by starting their programs a little earlier. Many people start channel surfing near the end of a program, and the networks thought that if their show started a couple of minutes earlier, people would start watching it.　Another strategy was to end a popular show a little after the hour so that people would stick to one channel and miss the beginning of shows on other channels.　Now that many stations have adopted these strategies, the advantage for any one station is lost.　Even so, they continue this practice because they are afraid of losing viewers.

【出典】センター試験本試（2015）

Topic Sentence: In the past, most Japanese TV shows started and ended exactly on the hour.

Main idea: *Many stations have started their programs a little before or after the hour because they don't want to lose viewers.*

E) Problem - Solution（問題解決型）

　この型ではある問題がトピックとして示され，その問題の詳細と解決が述べられます。下のパラグラフでは，まず「新たな環境下において経験するカルチャーショック」が Topic として述べられ，Tsubasa が経験したそのことに関する具体的な事例が展開され，解決される様子が述べられています。

　生徒が要点の把握に困難を覚えることが多いのがこの型です。Topic の導入文である "When you encounter unfamiliar things in a new environment, you may experience culture shock even in your own country." が Topic Sentence であることは理解できても，英文全体の要点が捉えきれません。なぜなら，先にも述べたように Topic Sentence が要点そのものであるという思い込みがあるからです。第1文はTopicの導入の役割しかここでは果たしておらず，読み手に方向性を与えているのみです。内容の中心は

その後から述べられる Tsubasa の新しい環境下での経験内容であって，そこをまとめたものが要点となります。つまり，「新しい環境下のTsubasa（Topic）は，どうした（Comment）」というフレームで要点を捉える必要があるのです。このような視点を持つためには，このパラグラフがどのような型を使って展開しているかを理解することが要旨を捉える大きな手掛かりとなります。

When you encounter unfamiliar things in a new environment, you may experience culture shock even in your own country. When Tsubasa started college life away from his family, everything seemed exciting and new to him, but then he began to feel unexpected anxiety about his surroundings. He realized people sometimes misunderstood him because of his regional accent and expressions. He also noticed many of his classmates had learned various things in high school that he had never even heard of. Everyone seemed smarter, more mature, and even more fashionable than he was. He was afraid he was already too far behind in everything. However, it turned out that most of the other students had more or less the same feelings of anxiety he had. Now, he enjoys studying at college without such feelings.

【出典】センター試験本試（2018）

Topic Sentence: When you encounter unfamiliar things in a new environment, you may experience culture shock even in your own country.

Main idea: *At first, Tsubasa felt uneasy in a new environment at college, but now he enjoys studying without feeling anxiety.*

4．まとめ

一般的に授業では，テキストを読む際にボトムアップ的な処理を促す指導に多くの時間が割かれ，トップダウン的な処理を施す発問がなされることが相対

的に少なくなる傾向があります。しかし，母語による読みではこの2つの処理を無意識的に使い分けながらテキストを理解していることを私たちは経験的に知っています。

したがって，文単位の理解と併せてより上位の単位であるパラグラフ構造にも慣れ親しんでおくことが，英文を正確に理解し概要や要点を捉えるためには必要なのではないでしょうか。

テキストが表している意味内容を文単位で理解するためには，もちろんボトムアップ的な発問が必要です。しかしながら，文単位で意味内容を理解した後にテキスト構造の確認をするのではなく，書き手が選んだ「型」（段落の構造）をすばやく認識してその流れに乗り，英文を正確に理解しながら読み進めていくためには，テキスト構造を認識するためのトレーニングが必要です。

ただし，ここで最も注意しなければならないのは，そのような「型」を知っておくことは，より正確な理解につながるための「手段」であるということです。つまり，指導の中心が「型」の分類になってはいけないのです。このことは，「文構造」（いわゆる，5文型）を指導する際に注意しなければならない点と同じです。「文構造」の指導においては，従来その型の分類のみに焦点を当てたような指導が多く見られましたが，意味ある文脈での言語活動で繰り返し指導する中で「文構造」を実感させることが重要です。それと同じように，段落の構造についても，「型」がだいたい識別できるようになり，要点を捉えやすくなったと実感させることの方が重要であり，やがては，用いる「型」を自分で判断して，まとまりのある英語を産出させるような言語活動を行わせることが，説明文の指導では重要なのではないでしょうか。

「文構造」を実感させる指導例としては，例えば次のようなものが考えられます。構造の異なるパラグラフを示し，取り除かれた1文を適切な場所に埋め戻すという活動です。学習者はまずパラグラフのトピックを把握して要点を捉えるのですが，パラグラフ構造を把握しなければ取り除かれた1文を戻すべき位置が分かりません。1文1文を和訳しただけでは答えられない仕組みなっているのです。パラグラフ構造に注意を向けさせるためには，このようにある程度負荷を与える工夫も必要です。

問い 次の各パラグラフはそれぞれパラグラフ構造が異なり，また各パラ
グラフ内の1文がそれぞれ取り除かれています。取り除かれた1文
を元の位置に戻し，各パラグラフがどのテキスト構造を用いている
かを答えなさい。テキスト構造は下の略号で答えなさい。

L：Listing, S：Sequence, CC：Comparison-Contrast, CE：Cause-Effect,
PS：Problem-Solution

1.

Until relatively recently, people in some parts of the world contin-
ued to use salt as a form of cash. Salt was given an economic value
because there were so few places that produced it in large quantities.
Another reason is that salt is fairly light and easy to carry for trading
purposes. Additionally, salt can be measured, so we can easily calcu-
late its value based on its weight. Furthermore, salt stays in good
condition for a very long period of time, so it holds its value. In short,
salt has certain characteristics that make it suitable as a form of
money.

【出典】センター試験本試（2015）

Missing Sentence: *There are several reasons why salt was used as*
money.

Pattern: _____

2.

Children between the ages of three and five begin to ask many
questions. The way parents handle their children's questions is impor-
tant. Some parents may be proud of their children's development and
happily answer all their questions. On the other hand, if parents are
not patient enough to answer questions, children might feel that they
shouldn't be curious about things. As a result, they may begin to feel
nervous about trying new activities.

【出典】センター試験本試（2014）

Missing Sentence: *This encourages children to use their imagination and become more creative.*

Pattern:＿＿＿＿＿＿

【参考・引用文献】

高梨庸雄，高橋正夫（1987）『英語リーディング指導の基礎』研究社

根岸雅史ほか（2021）"*NEW CROWN English Series 3*" 三省堂

Carrell, P.L.(1984). The effects of rhetorical organization on EFL readers. *TESOL Quarterly*, 18, 441-469

Kintsch, W., & Yarbrough, J. C. (1982). Role of rhetorical structure in text comprehension. *Journal of Educational Psychology*, 74(6), 828-834.

Mikulecky, B.S. & Jeffries, L. (1996). *More Reading Power*. Addison Wesley.

Mikulecky, B.S. & Jeffries, L. (2012). *More Reading Power 3. (3rd Ed.)*. Pearson Education.

コラム ⑤

教師の授業参観は教室前方から

　保護者の方に授業を公開する授業参観は参観日と呼ばれ，教室の後方から授業を見てもらいます。おそらく，どの保護者の方からも前方からわが子を観察させてほしいという要望は出ないでしょう。保護者の方の視線は授業をしている教師に集まりますが，教師から生徒へ問いかけがあると，保護者の視線はわが子に移り「もしも指名されて答えられなかったらどうしよう」と，まるで自分が授業を受けているような気持ちになるのではないでしょうか。

　教師が教師に向けて公開する授業参観は，公開授業や研究授業と呼ばれます。参観日ではありませんので，わが子に視線を注いで緊張する必要はありません。授業そのものを観察の対象としているからです。

　このような違いがあるにもかかわらず，たいていの公開授業や研究授業では参加される先生方は教室後方から眺めています。必然的に視線は授業をしている教師に対して注がれます。これでは保護者と教師の視線に大して違いがなく，どちらも授業を受けているだけです。違いがあるとすれば，保護者の視線はわが子へ，教師のそれは指導技術へ注がれているといったところでしょうか。

　筆者が教育実習生の指導をしていたころ，実習生が担当する授業では必ず教室前方から観察するようにしていました。教室の前方入口近くに机と椅子を用意してもらうことが多かったのですが，教卓側から観察したこともあります。これは，教室後方からだと学習者の細かな表情が分からず，授業の本質を見落としてしまうと考えた結果です。実習生にとってはかなり緊張を強いられたと思いますが，学習者を視野に入れることで実習生の指導上の課題がより鮮明に具体的に見えてくるのです。

　「主体的・対話的で深い学び」の実現に向けた授業改善を目指すならば，「教授」から「学習」へ視点を移すことが必要です。公開授業や研究授業後に行われる研究協議において多かった教師の指導技術に関する論点を，どのような学習が行われていたかに移行していく必要があると思います。その意味でも授業を観察する場所を少しでも学習者が視野に入る場所へ移してみてはどうでしょうか。他校に赴いた時には厚かましい要望になりますから，少なくとも校内での研究授業では同僚にお願いすることで，それまでとは異なった授業参観が期待できると思います。

　授業を後方から観察するというのは慣習に過ぎないのかもしれません。授業をする教師への礼儀とか配慮などを優先する以前に，誰のために，そして何の向上を目指して授業を公開するのかを考える時代に入った気がします。

第6章

説明文を用いた指導の実際

この章では「説明文」を用いた指導について，以下の３つの段階に分けて実践例とともに紹介します。
1．Pre-reading 活動の指導例―事前の語彙指導―
2．While-reading 活動の指導例―形式の指導，内容の指導―
3．Post-reading 活動の指導例―要約の指導―

Warm-up

「何ができるようにする」ために説明文の指導をするのかを考えてください。また，要約する力を育成するために必要な指導手順を大まかに示してください。

　説明文を扱う際に設定する大きな目標の一つとして，「要点を捉える」ことがあります。おおまかな内容を捉えること，すなわち概要を捉えることは物語文を読む際に主に用いられる方略で，説明文では複数の情報からどの情報が最も重要であるかを判断する力を育成することが新学習指導要領の目標として述べられています。

　さらに，「内容」に関する項目の「思考力，判断力，表現力等」においては，『情報を選択したり抽出するなどして活用し，「産出活動へつなげること」ができるよう指導すること』とされています。

　すなわち，リーディングの指導においては「情報の選択や抽出」が最終目標ではなく，この段階をコミュニケーション・プロセス（認識→思考→表現）の

一部として捉え，「情報の選択や抽出」する目的までを一体的な活動として教材研究を進める必要があります。

　例えば，「地球温暖化」についてグループで議論する際には，自分が収集した資料を隅から隅まで読み上げるのではなく，要点をかいつまんで説明し，議論のトピックを提供して効率的に話し合うことが必要です。つまり，「要約文を書く」あるいは「要約して述べる」という活動が「説明文を読む」活動と統合される時，「要約」することが必然的に「情報の選択や抽出」を求めることになるのです。

　このように，必然性のある「領域の統合」を設定することによって，自ずと一体的な指導を考える必要が生じ，学習者が一連のコミュニケーション・プロセスの中で常に発揮する思考力，判断力，表現力を育成していくことができるのです。

　それでは，教科書の説明文を用いて，領域を統合した一体的な指導の在り方を具体的に考えてみましょう。

1．Pre-reading 活動の指導例 —事前の語彙指導—

　ここではまず高等学校段階での新出語の扱い方を紹介します。中学校の教科書にも当然新出語は存在しますが，中学校では授業中に新出語を導入することが基本であり，まだ触れられていないテキストの語彙の意味を考えてくるような予習を求めることは一般的ではないからです。

　高等学校段階になると，単元で扱われるテキストの総語数も格段に増え，したがって新出語も増えることになります。すべての新出語について初めから授業中に導入していたのでは，その後の言語活動に割く時間がなくなってしまいます。授業時間のみで英語力を伸長することに限界がありますので，家庭学習と授業との棲み分けを考え予習を課すことになります。では，「予習」として行わせる新出語の語彙の扱いはどのようにすればよいのでしょうか。

　次の教材は「コミュニケーション英語Ⅰ」における「和食」をテーマとした説明文です。まず本文を読み，どの語が新出語として扱われているかを本文の

中で確認してください。

教材：Lesson 6, "Washoku---Traditional Japanese Dishes, Section 3",
　　　MY WAY English Communication I, New Edition, p.78. 三省堂

　　Today, the world is becoming smaller.　Due to globalization, what Japanese people eat has changed.

　　First, Japan imports much of its food.　In other words, what you usually eat may come from foreign countries.　For example, in a typical Japanese breakfast, the piece of salmon might be from Norway. The miso in the miso soup could be made from American soy beans. Second, many dishes which are popular among Japanese people have roots outside Japan.　Yakiniku comes from Korea and curry comes from India.

　　Some people regard these changes as good.　For them, the changes show a rich cultural exchanges.

【脚注】due to 〜　〜のために　　in other words 言い換えれば
　　　　a piece of 〜　一切れの〜
　　　　be made from 〜　〜から作られている
　　　　regard 〜 as ...　〜を…と見なす
【新出語】due, globalization, import, piece, salmon, might, Norway, soy, India, regard, rich, cultural

---

　米山（2014, pp.162-165）は，未知語の扱いについて「本文理解に不可欠かどうか」をまず教師が判断し，さらに「不可欠」な場合には「推測可能かどうか」を判断するなどして指導を計画する手順を提案しています。この手順を参考にして，ここで示されている新出語をいくつかの Step に分けてふるいに掛けながら家庭学習として課す語彙指導を考えてみましょう。

Step 1 事前に意味を明示してよい単語

Step 1　Norway, India

未分類：due, globalization, import, piece, salmon, might, soy, regard, rich, cultural

　ノルウェイやインドなどの国名は意味の取得という点においては，あらかじめ明示しておいても構いません。英語表記との比較は後で扱うことにしておきます。

Step 2 英語で定義を与えておく単語（できれば例文を添えておく）

Step 1　Norway, India

Step 2　salmon=a large silver fish with pink flesh that you can eat
rich=full of interesting or important facts
The area has a very rich history.

未分類：due, globalization, import, piece, might, soy, regard, cultural

Step 3 本文を読みながら推測させる単語

Step 1　Norway, India

Step 2　salmon=a large silver fish with pink flesh that you can eat
rich=full of interesting or important facts
The area has a very rich history.

Step 3　import, soy
・import は本文中の "In other words, what you usually eat may come from foreign countries." から推測させます。in

other words の機能も学習することになります。

・soyは "miso" が推測の手がかりとなります。

未分類：due, globalization, piece, might, regard, cultural

| Step 4 単語の構成や品詞などの既習語やカタカナ語から推測させる単語 |

Step 1　Norway, India

Step 2　salmon=a large silver fish with pink flesh that you can eat

rich=full of interesting or important facts

The area has a very rich history.

Step 3　import, soy

・importは "In other words, what you usually eat may come from foreign countries." から推測させます。in other words の機能も学習することになります。

・soyは "miso" が推測の手がかりとなります。

Step 4　globalization, cultural

形 global グローバルな

名 globe（the globe 地球）

名 culture

未分類：due, piece, might, regard,

第1章『「教材研究」とは何か』で予習プリントの例として示した単語表では，生徒は文脈から切り離された単語の意味について辞書を使って調べることで終わってしまいます。一方で，このように Step ごとに単語を分類して予習をさせることによって，予習する単語とテキストとの間に有機的なつながりが

生じ，予習の段階からテキスト読解の入り口に立たせることができるのではないでしょうか。なお，未分類のまま残った単語については，授業中に注や例文などで確認をする指示を出しておけば，語彙に関する予習時の力点がより明確になります。

　当然のことですが，新出語のすべてを推測させることはできません。また，学習の習慣をつけるという名目ですべての語を辞書で意味や品詞を調べさせたり，加えて発音記号まで書かせたりする指導に意味が無くはありませんが，予習の実態が「家庭学習」という名を借りた「作業」になってしまうと，時間を要する割に収穫量が少なく，文脈から切り離された単語をひたすら辞書で意味を確認することが目的化してしまうことになります。

　もし，発音記号まで書かせたいのであれば，発音記号について体系的に時間をかけた指導が必要になりますが，そのような指導を加えずに書かせるということは新たな文字体系を視写させることになり，学習者に新たな負担を増やしてしまいます。

　したがって，Step 2 や Step 3 を通して必要とされる思考力は，学習者の知識のアップデート（再構築）を促すことになり，自立した読み手となるための重要なトレーニングであると言えます。

　しかしながら，新出語はどのように効率よく導入したところで，後にその単語に再び出会ったり，あるいは自分で使ってみたりする経験が得られなければ，そのうち記憶から消えていくものです。単語集を購入させ単語テストをしているだけでは思うように定着しないことは，教師ならばだれでもが経験的に知っていることです。通りすがりの学習では語彙の定着は難しいことを示しています。

和訳のタイミング

　語彙の推測が終わったらいざ和訳となるように思われるのですが，この段階での和訳はどちらかと言えば時期尚早だと思われます。英語を通して内容を理解するせっかくの機会を奪ってしまいかねません。和訳そのものを否定する訳ではありませんが，この段階で和訳が要求されると，その後の授業の大半は和

訳の答え合わせの場となってしまい，従来から批判されている文法事項を解説しながらの訳読式の授業になる可能性があります。和訳については，言語能力の育成という視点から捉え直し，その効果的な使いどころは後ほど触れることにしましょう。

2．While-reading 活動の指導例 ―形式の指導，内容の指導―

2.1. 形式の指導 ―テキスト構造の把握―

　ここからいよいよテキスト本文を読む段階に移るのですが，予習プリントやワークブックでは T-F (True or False) Questions を新出語の導入後に配置することが多いようです。内容理解の指導として，概要を把握させるという目的には適っているように思えますが，教師の概要把握をさせたいという思いとは裏腹に，生徒は T-F Questions に答えるために，質問文中の単語を手掛かりに，本文の該当箇所周辺のみをうろうろとして意味を捉えようとします。そして，質問文の真偽を判断すると，次に読むのはテキストの続きではなく，次の質問文となります。これでは，テキスト全体の構造を把握しながら要点を捉えていくという「読むこと」の目標を達成するための読解方略を身につけていくことは困難です。その結果，つながりのない部分的な理解が複数存在するだけで，全体として何を言っているのか分からないという感想を述べることになります。

　説明文の指導においてはテキストの内容面の指導と同時に形式面の指導も重要なポイントになるのではないでしょうか。第5章で紹介した説明文のテキスト構造に関する知識の再構築と定着を新たに示されるテキストを用いて行ってみてはどうでしょうか。

　その際，注意しなければならないのは，ここでの指導は与えられたテキストを型（pattern）に分類することが目的なのではなく，あくまでも書き手が用いている型を理解して**「英文の流れに乗る」**ことです。部分のみにとらわれず，常にテキスト全体を俯瞰することを目的にします。

　知識の再構築を図るためには，ターゲットとなるテキストに対して複数の異

なったテキスト構造を持つ英文を読ませ，どの英文の構造と同じような構造をしているかを再認識させます。次の例を見てください。

教材：Lesson 3, "Purposes of the Olympics, Section 1", *MY WAY English Communication I, New Edition*, p.36. 三省堂（段落番号，引用者）

---

(1) Tokyo will host the Summer Olympics for the second time in 2020. The first time was in 1964. Now, let's take a look at the history of the Olympics.

(2) The ancient Olympics started in 776 B.C. in Greece. It was originally a religious festival in Olympia. The festival was also for peace. In those days there were a lot of wars among the cities in Greece. People stopped wars during the festival. They held the festival every four years.

(3) The ancient Olympics continued for about a thousand years. However, it ended in A.D. 393 because Rome conquered Greece.

　第1段落と第3段落については，情報量はさほど多くないですから，意味内容を捉える際に負担は大きくないと思われます。問題は第2段落です。これほどのレベルの英文であっても，「要点を述べなさい」という問いに生徒は困惑するはずです。多くの生徒は，"The ancient Olympics started in 776 B.C. in Greece." が要点であると指摘すると思われます。その理由は，これが段落の最初に置かれた文であることと，その段落が「古代オリンピック」ついて述べられているからと考えるからです。

　説明文では段落の最初にトピック・センテンスが置かれることが多く，そこが書き手の一番言いたいことである，という一般的なルールをすべての説明文のテキストに適用すればそのように判断することも然りです。しかしながら，冒頭の1文がトピック・センテンスであるという判断は正しいのですが，この文は「古代オリンピック」というパラグラフ全体のトピックを導入しているに過ぎず，この英文自体が要点ではありません。

　おそらく，生徒は後続する英文の内容がこのトピックに関することについて述べられている（コメント部分である）ということには気づいているのですが，**「要点を捉える上で重要な情報はどれか」**を判断することができないのです。多くの生徒はここで思考を放棄してしまいます。そして日本語訳を待ち，母語によって意味内容を捉えようとします。これでは，情報を「抽出・整理・統合」する力，すなわち英語科で育成すべき言語能力に関わる資質・能力を身につけることはできません。

　そこで，この段落のテキスト構造を既習の英文と比較させ，その中に類似のテキスト構造の型を探させることから始めてはどうでしょうか。既習の英文であれば，テキスト構造と併せて要点をどのように捉えたかを理解しているからです。つまり，テキスト構造という視点からパラグラフ内における情報の重要度を探らせるのです。

　例えば，"The festival was also for peace."の also が持っている談話標識としての機能を和訳のみで生徒が理解することができるでしょうか。おそらく，生徒は 'also' を「また」という訳語と交換して理解を終えているはずです。しかし，書き手が情報を列挙して配置する際に，'also' という談話標識を「追記」⇒「強化」というつながりを示す機能として用いるということを学習しておけば，その知識を活用してこの段落の中心的な情報がここから始まるのではないかということに気づくはずです。

　そのような読み方をさせることによって，『「古代オリンピック（この段落のトピック）」は「平和の祭典」として4年に一度開催されていた』という要点を捉えられるようになっていくと思われます。

　では，この段落のテキスト構造を理解させるためにはどのような英文を用意したらよいのでしょうか。第5章で取り上げた英文の型をすべて用意しておく必要はありません。比較するには2つか3つの型を示せば十分だと考えられます。それらを示すだけでも，テキスト構造を理解するために生徒は当該単元以外の英文に触れることになりますので，英語によるインプットも量的な増加につながります。

〈比較させる英文の例〉

Lesson 1, "A Story about Names", *MY WAY English Communication I, New Edition*, pp.12-16. 三省堂

A

In many Western countries, the given name comes before the family name. In the West, people focus on "individuals". In some countries like China, Korea, and Japan, the family name comes before the given name. In the East, people focus on "family". So the name order differs from culture to culture.

B

Long ago, people in both the East and the West had only given names. Little by little, they added family names to their given names. As a family name, they often used the name of their job. "James Baker" is an example in England. A baker bakes bread.

C

In Myanmar and Mongolia, most people do not have family names. In the case of Aung San Suu Kyi in Myanmar, "Aung San Suu Kyi" is her given name. It comes from her parents' and grandmother's names. In Mongolia, people usually add their father's name before their own name.

これらの英文は 'Lesson 1' で既習のものであり，意味内容は理解されています。新出の文法事項も未知の単語もないはずです。したがって，パラグラフ構造の把握に注力することができます。なお，テキスト構造としての分類は以下のようになります。

A: Comparison / Contrast（比較・対照型）

B: Sequence（連続型）

C: Listing of related ideas or examples（列挙型）

生徒に「古代オリンピック」に関する英文をこれらの英文と比較させながら，「B: Sequence（連続型）」の構造に近いことに気づかせます。'little by little'，'often' などの「時間的順序」を表す語句がつながりを示す談話標識として用いられ，名前に姓を加えることになった経緯が例とともに述べられているBの英文の構造が，古代オリンピックが宗教的な祭典としてだけではなく，平和の祭典として開催されるようになった経緯を述べた構造に近いことを生徒自身に気づかせることがポイントです。そして，先に述べた 'also' の機能が理解できれば，古代オリンピック発祥の経緯に関する書き手の力点は「平和の祭典」にあることを捉えることができ，要点として抽出すべき情報であると確認することができます。

2.2. 内容の指導―タイトルを考える―

テキストの概要を把握し要点を捉えさせる指導は，テキスト構造を扱う形式面からだけではなく，各パラグラフにタイトルを付けさせる内容面からの指導も必要です。この指導は後で扱う「要約」の指導と密接な関係にあり，「読むこと」を他の領域と結び付けるための基礎となる活動であると言うことができます。では，同じ教材の別の箇所を例に取って指導方法を具体的に説明していきましょう。

教材：Lesson 3, "Purposes of the Olympics, Section 3", *MY WAY English Communication I, New Edition*, p.40. 三省堂　（段落番号，引用者）

(1) The modern Olympics was started by Coubertin in 1896. He started it for international exchange and peace. Together with the Paralympics, it is now viewed as the world's largest sports festival.

(2) The wish for world peace is seen in the Olympic symbols. The Olympic flag is an example. There are five rings on it. They show the union of the five continents in the world.

(3) The Olympic Torch Relay is another example. It starts from Greece and passes through many parts of the world. Finally, it reaches the Olympic Stadium of the host country. This relay is a symbol of cooperation and friendship of people around the world.

このセクションでは，次のようなQ&Aが教科書に用意されています。

1. When did the modern Olympics start?
2. What do the five rings on the flag show?
3. Is the Torch Relay a symbol of Greece?

教師は内容理解のための問いをこの他にも作成するかもしれません。しかし，上に示された問いはテキストをなぞれば答えが見つかり，テキストを引用することによって答えることができるものです。発問の機能で分類すれば Display Questions に相当します。

このレベルの発問を避けるべきであるという訳ではありません。テキストをなぞりながらでも多少の文法操作を加え，解答する力は基礎力として不可欠な要素です。しかしながら，時には教師が Referential Questions（答えが予想し難い発問）や Inferential Questions（推論発問）を加えることも必要です。Q&Aをモノトーンで機械的な質疑応答の作業で終わらせないためです。例えば，次のような発問です。

Referential Questions:
- Did you see Pyeon Chang 2018 Olympic Games on TV?
- What event was the most impressive for you?

Inferential Questions:
- What continents do the five rings on the flag stand for? Name them.
- Why do you think the Torch Relay is a symbol of cooperation and friendship of people around the world?

いずれにせよ，内容理解をQ&Aのやり取りの中で済ませるだけでは，セン

テンスレベルで目に見えている範囲の理解にとどまってしまう懸念があります。また，いきなり「トピック・センテンスはどの文か」といった問いかけをするケースもよく見られますが，説明文ならば生徒は冒頭の1文を答えればよいという経験的な知識に頼るかもしれませんので，テキスト上では目に見えていないパラグラフ構造を理解した上での解答であるかどうかは不明なままになります。そこで，要約をさせてみることにより，生徒が形式と内容の両面の理解をしているかどうかを判断できるようになります。というのも，パラグラフ構造の理解が不明瞭なまま要約に取り組むと，情報の抽出と判断の精度は低くなり，英文理解の程度が如実に表れるからです。

　まず，正確にパラグラフの理解をするための「要約」の準備段階として，「トピック（話題）」を的確に捉えさせる活動が必要になります。それが，「タイトルをつける」活動です。

　タイトル名は英語でも日本語でも構いません。要は，そのパラグラフにおいてどの部分にも関連する「要素」となる「トピック」を考えさせるのです。そのように「タイトル」を考えることは，文章の「一貫性（まとまり）」に気づかせることにつながります。

　ここでは，次のようなタイトルが考えられます。

(1)　日：近代オリンピックの始まりと目的

　　　英：the modern Olympics and its purposes

(2)　日：オリンピック旗

　　　英：the Olympic flag

(3)　日：オリンピック聖火リレー

　　　英：the Olympic Torch Relay

タイトルですので，できるだけ短いものを考えさせます。この段階ですでに情報の抽出と整理を行わせるのです。例えば，第2段落では world peace, the Olympic symbols, the Olympic flag, five rings, the five continents のように関連性を持ったフレーズが続きますので，生徒は絞り込むのに頭を抱えることになりますが，ここが勝負どころとなります。概念として最上位に位置す

るものはどの表現かを考えることが，「要約」の際に大いに役に立つからです。

テキスト・マッピング…概念の可視化

　伊東（2016）は，自身が受けた現代国語の授業で採用されていたテキスト・マッピングの有効性に触れ，テキスト内の様々な情報の整理を可視化する方法として推奨しています。テキスト・マッピングという用語のほかにも様々なものがありますが，ここでは Carrel（1988）の定義，「説明文から重要な内容を選び，それらの間の関係が明示的に示されるように，それらをボックス，円，繋ぎの線，樹形図などの視覚的な提示方法を使って示すこと」（伊東，2016, pp.82-83を参照）に従うことにします。

　この手法は筆者自身も英語教師になった頃から用いることが多くありました。各パラグラフの英文一つひとつに番号を振り，文と文との繋がりを可視化するため英文番号を記した丸い紙に磁石を付け，黒板に貼り付けながらテキスト構造を生徒に説明したり，生徒に説明させる指導を行ったりしたことがあります。ここでは，英文と英文のつながりだけでなく，情報構造がどのようになっているのかが分かるように，Carrel（1988）の定義に基づいたテキスト・マッピングの例を先ほどのテキストを用いて示すと次の図（図6.1）のようになります。

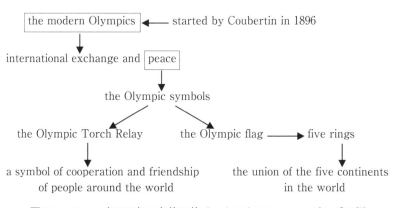

図6.1　Carrel（1988）の定義に基づいたテキスト・マッピングの例

　作成したテキスト・マップは post-reading 活動として行われることの多い
リテリングなどの活動に活用することができますし，要約の際にもう一度各パ
ラグラフの要点を確認する際にも役に立ちます。

　筆者は授業後にその日の板書が何で終わったかを自分で振り返る習慣があり
ました。少なくともこのようなマップが残されて終了した授業は内容も濃く，
次時につなげる transition として機能することが経験的に分かっていきまし
た。一方で，手ごたえのない，悔いが残る授業の後の板書は，概して文法事項
の導入の際に扱った例文やその場で思いついて書いた説明や派生語などで黒板
の広範囲を占めることが多かったと記憶しています。

3．Post-reading 活動の指導例 ―要約の指導―

要約指導のコツ

　要約は読解活動の後半に行われることが多い指導です。教科書の単元の課末
や付属の教材にはあらかじめ空所まで用意された要約文あり，本文の内容に合
うように適語を補充する問題をよく目にします。このような要約文を完成させ
る問題を解くことは，最終的には自分の力で要約文を作れるようになるまでの
段階的指導の初期として位置づけられているならば，モデルとなる要約に触れ
させるという点で意味もあり学習目標の調節であると納得もいくのですが，い
つまでたっても適語補充ばかりの要約をさせていても，要約文を自分で作れる
ようになる日はやって来ません。それは，本文と不完全要約文の間を行ったり
来たりする情報検索問題を解き続けているのと同じことだからです。

　要約文が書けるようになるためにはいくつかの段階的指導が必要です。ここ
では，各段階における指導の在り方を説明します。

要約の位置付け

　生徒は要約が苦手です。各パラグラフからトピック・センテンスらしき文を
探し出しては，他の文と無造作につなぎ合わせたような要約や，具体例まです
べて含めたやたらと長い要約，あるいは自分が理解できた箇所のみを引用する

自分勝手な要約など，要約指導をしたことのある教師ならいくつも思い当たるふしがあると思います。なぜ，そのようなことになるのでしょうか。いっそのことまず日本語で要約させておいて，それを英語に直せばよいでしょうか。おそらく結果は同じです。

　要約の目的をまず明確にしましょう。目的としては次の２つがあると思います。

① 　テキストの理解度を確認するため
② 　テキストの意味を他の誰かに説明するため

①は主に教師の持つ目的です。要約はテキスト内容の完全で正確な理解を前提としますから，生徒が作成する要約は，英文の理解度を示していることを意味します。

②は生徒が持つ目的です。要約には①のように診断的な側面だけではなく，②のような仲介役として情報を伝えるという言語使用面での目的が存在します。実際，新学習指導要領（高等学校）における「言語の働きの例」には「事実・情報を伝える」項目の具体例として「要約する」を取り上げています。このことは，要約することが本来持っている機能として，「誰かほかの人に事実などを分かりやすく，簡潔に伝える」ことを言語活動として位置付けていることを示しています。したがって，要約は「読むこと」あるいは「聞くこと」などの受容面と「話すこと」あるいは「書くこと」などの発信面との領域を統合する活動を計画する際には大変重要な役割を担う言語活動であると言えます。

パラグラフの要約手順

　良い要約とは次の２点を満たすものです。

①「要点」（main idea）やそれを支持する主なポイント（major supporting points）が含まれていること。
② 　枝葉末節な情報（minor details）や細部の反復（repeated details）また読者の意見（reader's opinion）が含まれていないこと。

　①については，トピック・センテンス借用型の要約がテキスト全体の意味を正確に伝えきれているかどうかの視点となります。要点はトピック・センテンスを借用すれば済むものばかりではないということは，第5章で述べた通りです。

　①と②を踏まえた上でさらに注意することは，要約では必要な語と不必要な語の取捨選択が迫られるということです。また，同じトピックのもとに使用されている複数の語をまとめて一つに言い換える（summary word）力を育成することにも注意が必要です。

　以上のことを踏まえて要約の手順を整理すると次のようになります。

(1) パラグラフを最後まで読み，正確に内容を理解する。

(2) そのパラグラフにトピック・センテンスがあるかどうかを確認する。

　　(2)-1　トピック・センテンスが要点を伝えていれば，要約として利用できる。

　　(2)-2　トピック・センテンスが要点として不十分であれば，要点を伝える要約を作成する。

(3) (2)-1，(2)-2において，不必要であると判断される語句を取り除く。

(4) パラグラフの要約文は1文（one complete sentence）で表す。

Summary Word

　実際に要約をさせる際に指導を要するのが，同一のトピックのもとに現れる複数の語をまとめて1語で言い換える力を身につけさせることです。つまり，上位概念の語で言い換えられる力があるかどうかが要約の質を左右します。例えば，語レベルであれば，

baseball, basketball, tennis, soccer → **sports**

tomato, cabbage, lettuce, cucumber → **vegetables**

語句単位のならば次のような力が必要となります。

1. toast the bread　2. open the can　3. cut the cucumber

116

4. assemble the sandwich 5. cut the sandwich 6. serve with fresh fruit

→ make a tuna sandwich

このように，上位概念の語（句）を用いて，抽象度を上げる（一般化する）訓練が要約指導には必要なのですが，この訓練自体は語単位から始め，語句へと意味を形成する語数を増やすことで，しだいに上位概念の語句でまとめる力が養われていきます。授業の帯活動などを利用して短時間で継続的に指導するとよいでしょう。

要約の実際

では，テキスト・マッピングを行った先ほどのテキストを用いて要約をしてみましょう。

(1) The modern Olympics was started by Coubertin in 1896. He started it for international exchange and peace. Together with the Paralympics, it is now viewed as the world's largest sports festival.

　このパラグラフのトピック・センテンスは冒頭の "The modern Olympics was started by Coubertin in 1896." であり，導入されたトピックは "the modern Olympics" であることが分かります。このトピック・センテンス自体は，「トピック・コメント」構造になっていますが，続く文において，そのトピックが展開され目的が同時に述べられていることに着目する必要があります。

　したがって，このトピック・センテンスだけでは要点を伝えていませんので，この段落を1文で要約すると，"Coubertin started the modern Olympics for international exchange and peace in 1896." のようになります。

(2) The wish for world peace is seen in the Olympic symbols. The Olympic flag is an example. There are five rings on it. They show the union of the five continents in the world.

このパラグラフのトピック・センテンスも冒頭の1文ですが,「世界平和への願いが五輪旗に表されている」という要点がすべて収まりきっていません。そこで,要約は "The Olympic flag is an Olympic symbol of world peace." のようにします。

(3) The Olympic Torch Relay is another example. It starts from Greece and passes through many parts of the world. Finally, it reaches the Olympic Stadium of the host country. This relay is a symbol of cooperation and friendship of people around the world.

このパラグラフも(2)と同様です。"the Olympic symbols" の2つ目の例が述べられています。したがって要約は,"The Olympic Torch Relay is another Olympic symbol of cooperation and friendship of people around the world." のようにすればよいでしょう。

【参考・引用文献】
伊東治己（2016）『インタラクティブな英語リーディングの指導』研究社
門田修平ほか（2010）『英語リーディング指導ハンドブック』大修館書店
森住　衛ほか（2016）"*MY WAY English Communication I, New Edition*" 三省堂
米山朝二（2014）『英語教育　実践から理論へ〈改訂増補版〉』松柏社
Carrell, P. (1988). Interactive text processing: Implications for ESL/second language reading classrooms. In P. Carrell, J. Devine, & D. Eskey (Eds.), *Interactive approaches to second language reading* (pp.239-259). Cambridge, MA: Cambridge University Press.
Jefferies L., Mikulecky B. S. (2011). *More Reading Power 3, Third Edition*. Pearson Longman.

コラム ⑥

『裾を持ちなさい』

これは,国語教育において「単元学習」を開発したことで著名な大村はま（1906～2005）のことばです。大村は幼い頃に母親が寝巻き（浴衣）のたたみ方について「きちんとたたみなさい」と言わず,「裾を持ちなさい」と

言われたことが忘れ得ぬことばとして心に残っていると述べています。浴衣の肩だけを持って振っても浴衣が長四角にならないのを見て，母親が「裾を持ちなさい」と言って浴衣の肩と裾を持って伸ばすとちゃんと長四角になったという思い出に触れたことばです。

　大村は「きちんとたたみなさい」ということばには，結果的にどうしたらよいのかが不明瞭で，どこか叱られているような雰囲気が感じられる一方で，「裾を持ちなさい」は確実に成功できる方法を何気なく教える，だれにでもできる具体的な方法を言えることばであることに教師になってから気づいたと言います。

　私たち英語教師は日頃の教育実践の中で様々な活動の指示を与えます。活動をさせるには，指示は簡潔で明瞭であることが必要です。指示があいまいだと活動を通して達成させようと意図している目標への道筋から外れてしまうからです。しかしながら，当たり前のように与えている指示が「きちんとたたみなさい」ということばになっていないかということに思いを馳せてみる必要があるのではないでしょうか。

　たとえば，立場を明確にして主張を述べさせたり，読んだ英文について英語で要約をさせたり，考えを述べさせたりする時に，「簡単な語句を用いてまとまりのある文章を書きなさい」などの指示をすることがあると思います。この指示が伝えているのは期待される文章の結果です。「裾を持ちなさい」ということばではなく，「きちんとたたみなさい」という指示です。

　「裾を持ちなさい」のように言うためには，教師の綿密な単元計画や深い教材研究が必要です。お手本を示してこのように書きなさいというのでは，結果を示していることと変わりがありません。お手本の中にある意味を抽出し，整理して「まとまりのある文章」を書く「すべ」を思考力を伴うように，具体的に何気なく示すことができないでしょうか。技能を身につける過程では，「すべ」や「こつ」を習得していくことが必要です。そうした「すべ」や「こつ」を習得し，課題に挑み「自分でできた」という実感を積み重ねることが技能を身につけていく本質の部分であると思います。そして，できるようになった自分を振り返らせ，自己の変容（深い学び）に気づかせるのです。

　「裾を持ちなさい」ということばは，「てびき」ということばとして大村の実践に生かされ，軸となりました。

（『忘れえぬことば』大村はま　より）

第7章

物語文の指導

この章では，第3章で分類したLiterary（文学的）なテキストの一つである「物語文」の構造を確認し，その特徴と指導方法や言語活動を考えてみましょう。なお，ここでは「物語」「エッセイ」「感想文」などをあわせて「物語文」と呼ぶことにします。

1. 目標 ―「何ができるようになる」か―
2. 物語文の構造 ―「物語文法」―
3. 物語文の分析 ―「ごんぎつね」の例―
4. 物語文法の活用

Warm-up

「説明文」と「物語文」の指導はどのような点が異なるのでしょうか。また，共通する点は何でしょうか。今までどのような指導を受けたり，実践を行ってきたでしょうか。

1．目標 ―「何ができるようになる」か―

「物語文」，ここでは狭義の「物語」が教科書の単元として扱われることが以前よりさほど多くない傾向にあると思われます。かつては，O. Henry の "The Gift of the Magi" や "After Twenty Years"，あるいは Saki の "The Open Window" などが教科書の単元として掲載されていた時代がありました。現在では，そうした「物語文」は Further Reading や Optional Reading と

して位置づけられていることが多く，その多くは他の正課の指導時間を削って
までもということからか，授業内で扱うことが敬遠される傾向があるのではな
いでしょうか。しかしながら，物語文を読ませる指導が全くなされなくなった
訳ではありません。「多読」という視点から，易しく書き直された物語を長期
休業中の宿題として課したり，難易度に沿ってシリーズ化された読み物から個
人の能力に合わせて自由に選ばせ，辞書に頼らないで読むことの楽しさを味わ
させたりすることを優先した取り組み例も多くあります。

　しかしながら，そのような扱われ方のほかに物語文に関しては学習指導要領
で設定された目標があり，その目標の実現を目指した指導が求められています。
そこで，まず学習指導要領に記されている目標を確認しておきましょう。

中学校学習指導要領解説（pp.20-21）（太字，引用者）

> 　第2節　英語
> 　1　目標
> 　（2）読むこと
> 　　イ　日常的な話題について，簡単な語句や文で書かれた短い文
> 　　　章の**概要を捉える**ことができるようにする。

また，「概要を捉える」ことについては，次のように説明されています。

> 　　「概要を捉える」とは，例えば物語などのまとまりのある文章
> を最初から最後まで読み，一語一語や一文一文の意味など特定の
> 部分のみにとらわれたりすることなく，登場人物の行動や心情の
> 変化，全体のあらすじなど，書き手が述べていることの大まかな
> 内容を捉えることである。

高等学校学習指導要領解説（pp.24-25）（太字，引用者）

> 第2節　英語コミュニケーション I
>
> 　1　目標
>
> 　　(2)　読むこと
>
> 　　　イ　社会的な話題について，使用される語句や文，情報量など
> 　　　　において，多くの支援を活用すれば，必要な情報を読み取り，
> 　　　　**概要や要点を目的に応じて捉える**ことができるようにする。

　高等学校では，話題が「社会的な」話題となっていますが，この目標が中学校の目標における「日常的な話題」と「社会的な話題」の両方を受けて設定されていることから，物語文の目標もここに収められていると考えて良いと思います。続く解説（原文ママ）では，

> 　ここでの**必要な情報**とは，**概要や要点**を捉えるために必要となる情報を意味している。ここでの概要とは，読んだ英語のおおその内容や全体的な流れの事であり，要点とは，書き手が伝えたい主な考えなどの読み落としてはならない重要なポイントのことである。

と述べられており，中学校の物語文の目標との一貫性を確認することができます。

　つまり，高校では読み方が「読み取った内容の概要あるいは要点を口頭で誰かに伝える」などの読む目的に応じた読み方へと高度化されていますが，中高を通して「物語文」に関しては，「概要」を捉えることが目標となっていることが分かります。したがって，「物語文を読んで概要を捉えるスキルを習得」させる指導をしなければ，この目標は達成できないことになります。同時に，その指導を通して習得させる力はその場限りの力ではなく，どのような物語文にも活用できる汎用性のある力が求められます。

　では，「物語文」を読むために備えておくべき汎用性のあるスキルとはどのようなものを言うのでしょうか。そのことを考えるために物語文の構造に着目してみましょう。

2．物語文の構造 ―「物語文法」―

　「物語文」は，ある特定の人物の視点から物語が語られ展開していくということがまず大きな特徴としてあげられます。また，書き手の目的は読み手に感情反応を期待することですから，事実や情報を伝えたり意見を述べたりするFactual（事実的）な文章とはその構造が異なっています。では，物語文の構造を知識として知っていることでどのような利点が生まれるのでしょうか。

　物語やエッセイでは，説明文の構造と異なり書き手が自由に話を展開しているような印象が一般的に持たれています。もしそうであれば，物語文には共通する要素あるいはフレームなどはなく，私たちが抱く感情反応（例えば，共感など）も書き手が意図したものではなく偶発的なものであり，概要の捉え方も物語によって異なり，手段を変えなければならないということになります。これでは，物語文の概要を捉えさせる指導を体系化することは容易ではありません。

　第2章で「発問」について考察した際に「ごんぎつね」を取りあげました。この物語は現在ではすべての小学校の国語検定教科書で4年生の教材として扱われています。ということは，あらすじなら誰でも知っているはずです。ところが，改めてあらすじ（概要）を問うと，「いたずらぎつねのごんが，最後に兵十に撃ち殺される話です」などのような答えが返ってくることがしばしばあります。これはあらすじと言えず，まるで害獣駆除のような話になってしまいます。なぜ私たちはこの物語の結末を読んだ時，悲しくそして切なく思うのでしょう。物語には私たちにそのような感情反応を起こさせる要素が存在し，そこを捉えて概要を捉えることが必要なのではないでしょうか。そのような要素を視点として物語を分析し，慣れないうちは構成要素を視覚的に捉えることによって，物語であれエッセイであれ，読んだ内容が整理しやすくなり，さらに書き手が伝えたいことに迫りながら読みが一層深まることが期待できるのではないでしょうか。

　そこで，そのようなスキルを習得するための手がかりとして，Thorndyke（1977）が理論的に「物語文」を構成する要素を説明した「物語文法」（Story Grammar）という枠組み（framework）を紹介します（卯城，2009，pp.37-38を参照）。

　まず，この物語文法を最上位構造から見ていきましょう。

　Rule number (1) が示しているのは，物語は大きく 4 つの構成要素から成る
ということです。ここには，「設定（Setting）」「テーマ（Theme）」「筋
（Plot）」「解決（Resolution）」の 4 つが示されています。

　Rule number (2) では，Rule number (1) に示された構成要素の一つである
「設定」が「登場人物」「場所」「時」の 3 つの要素で構成されることを示して
います。昔話が「昔々，あるところに，おじいさんとおばあさんが住んでいま
した」というくだりから始まるのは「設定」から物語が始まっているというこ
とが分析的に理解できます。

　さらに，Rule number (3) では，Rule number (1) に示された別の構成要素

Grammar Rules For Simple Stories (Thorndyke, 1977, p.79)

Rule number	Rule
(1)　　　　　　STORY　→	SETTING + THEME + PLOT + RESOLUTION
(2)　　　　SETTING　→	CHARACTERS + LOCATION + TIME
(3)　　　　THEME　→	(EVENT)* + GOAL
(4)　　　　　PLOT　→	EPISODE*
(5)　　　EPISODE　→	SUBGOAL + ATTEMPT* + OUTCOME
(6)　　ATTEMPT　→	⌈ EVENT*　⌊ EPISODE
(7)　　OUTCOME　→	⌈ EVENT*　⌊ STATE
(8)　RESOLUTION　→	⌈ EVENT　⌊ STATE
(9)　　　SUBGOAL ⌉→　GOAL ⌋	DESIRED STATE
(10)　CHARACTERS ⌉　LOCATION ⌈→　TIME ⌋	STATE

" The parentheses around EVENT indicate that the element is optional; the asterisk (*)
indicates that the element may be repeated. Hence, several events may precede the
statement of the goal." (p.80)

である「テーマ」には主人公が達成する「目標」があり，Rule number (4) に示された複数の「エピソード」から成る物語の「筋」を形成することが分かります。

　そして，「テーマ」に沿った「エピソード」が「筋」を形成しながら展開した後に，「解決」では，「テーマ」に関する物語の最終結果が述べられるということを示しているのです。

　では，この物語文法に即して先ほど違和感を覚えた「いたずらぎつねのごんが，最後に兵十に撃ち殺される話です」というあらすじに違和感を覚える理由を考えてみましょう。このあらすじに違和感を覚えるのは，「登場人物」と「解決」の2つの要素だけに触れてあらすじにしてしまっているからです。つまり，「設定」に含まれる情報の一部である「登場人物」と「解決」の部分にしか触れられておらず，物語の中心部分である「テーマ」や主人公の成し遂げたかった「目標」について触れていないので，あらすじとしてまとまりを欠き，不安定で何か物足りないあらすじだと感じるのです。

3．物語文の分析 ―「ごんぎつね」の例―

　では，「ごんぎつね」のあらすじはどのようにまとめたらよいのでしょうか。物語文法の構成要素を満たすようにまとめたものが次の表7.1です。

表7.1 「ごんぎつね」の構成要素（立石，2015，p.39をもとに作成）

設定（Setting）	孤独ないたずらぎつねのごん，素朴な青年の兵十 中山の近くの小さな村 中山さまというお殿様がいた時代
テーマ（Theme）	兵十へのいたずらに対してつぐないをするきつねへの変容
筋（Plot）	兵十の捕った魚を逃がし，うなぎを盗む。 ごんが村の葬式を見て，兵十のおっかあの死を知る。 ごんが兵十へのいたずらを後悔する。 ごんがひとりぼっちの兵十を見て，つぐないを始める。 ごんが吉兵衛の家へ向かう途中の兵十と加助の話を聞く。 ごんが吉兵衛の家から帰る途中の兵十と加助の話を聞く。
解決（Resolution）	兵十の家へつぐないをしに行ったごんが兵十に撃たれ，兵十はごんが自分を助けようとしてくれていたことに気付く。

このようにまとめてみると，物語のあらすじが視覚的に整理されます。
立石（2015, p.15）はこの物語を次のように紹介しています。

　　物語は，中心人物である「ごん」の心の動きを描きながら展開していきます。
　いたずらぎつねであったごんの変容に大きな影響を与える人物である対人物とし
　て登場するのが「兵十」です。「ごんぎつね」は簡単に言えば，孤独ないたずら
　ぎつねだったごんが，兵十へのいたずらに対してつぐない続けるきつねへと変容
　し，両者の心のすれ違いが悲劇的な結末へとつながる物語です。

的確にあらすじが捉えられています。このあらすじを述べた部分を Rule
number (1) の構成要素から分析してみます。（傍点・下線，引用者）

　　「孤独ないたずらぎつねだったごん（Setting）が，兵十（Setting）へのいたず
　らに対してつぐない続けるきつねへと変容（Theme）し，両者の心のすれ違い
　（Plot）が悲劇的な結末（Resolution）へとつながる物語」

ここから Setting と Plot を取り除いてしまうと，次のようになります。

　　「孤独ないたずらぎつねだったごん（Setting）が悲劇的な結末（Resolution）
　へとつながる物語」

　これでは，違和感を覚えたあらすじの「撃ち殺される」という事実が，「悲
劇的な結末」という「読み手の評価」という表現にすり替わっただけで，物足
りなさを依然として残してしまいます。つまり，的確に捉えられたあらすじに
は物語文法の最上位構造である Rule number (1) の要素がすべて備わってい
る必要があることを示しているのです。
　物語文法のすべての構造を理解させ活用することは，実際の指導上あまりに
も生徒への負担が大きく，分析自体が目的化してしまいかねません。物語文の
「概要」を捉えることを目的とするならば，Rule number (1)〜(4) を活用して
物語文の構造を視覚化して理解させることで十分ではないでしょうか。また，
物語文法には汎用性がありますから，さまざまな物語文で活用することによっ
て，物語の構成要素を意識しながら読む習慣がつき，「概要」を捉える力が身

につくと考えられます。

4．物語文法の活用

では，中学3年生用の検定教科書に掲載されている物語を例に，物語文法を活用して表7.2にまとめ，「概要」（あらすじ）を日本語で簡単に述べてください。

教材：READING FOR FUN "A Present for You", *NEW CROWN English Series 3*, pp.122-125. 三省堂

One dollar and eighty-seven cents. That was all. Della counted the money again. One dollar and eighty-seven cents.

The next day was Christmas. Della wanted to buy a present for her husband, Jim, but they were poor. One dollar and eighty-seven cents was not enough.

She stood by the window and looked out. It was snowing. She saw a large gray cat that had large gray eyes. It was walking slowly on a gray fence in the gray yard. Everything looked gray.

"I'll have to sell something," she said to herself. "But is there anything to sell?"

Della went up to the mirror and stood before it. She looked at herself in the mirror. She thought that she looked exhausted. She looked at her long, shiny hair. "I know Jim loves it, but it's all I have," she thought.

Della went to a shop that dealt in hair goods. It was only a few blocks away from her apartment. In the shop, she saw a large woman who had cold eyes.

"Will you buy my hair?" she asked the woman.

"I buy hair," said the woman in a low voice. "Take your hat off. Let me look at it." Della took off her hat.

"Twenty dollars," said the woman.

"OK," Della accepted her offer.

Della took the money and hunted all over town to find Jim's present. She found it at last. She bought a gold watch chain. It was twenty-one dollars.

"Jim's gold watch will look nice on this chain," she thought.

When Jim married Della, he showed her a gold watch. "My father gave me this watch," he said. The gold watch was his only treasure, but he did not have a chain for it.

It grew dark, and soon Jim came back. He was knocking the snow off his shabby coat, but suddenly he stopped.

"Jim!" cried Della. "Don't look at me that way. I had my hair cut off and sold it because .... It's Christmas, Jim. Let's be happy. I've got a nice present for you."

"I've got a nice present for you, too." Jim slowly took out a small wrapped box and put it on the table.

Della opened it and saw a set of combs with jewels on them.

"Oh, Jim!" cried Della. Tears ran down her face.

They were both silent for a while. At last Della looked up, smiled, and said, "My hair grows very fast." She took out the watch chain that was shining beautifully. She showed it to him and said, "You like it, don't you? You'll have to look at the time a hundred times a day now."

"Della, my dear wife," said Jim. "I sold my watch to buy your combs."

He sat down on a chair and smiled at her.

表7.2 "A present for You" の構成要素

設定（Setting）	
テーマ（Theme）	
筋（Plot）	
解決（Resolution）	

［あらすじ］

【参考・引用文献】

卯城祐司（2009）『英語リーディングの科学 –「読めたつもり」の謎を解く』研究社

立石泰久（2015）『国語科重要教材の授業づくり　たしかな教材研究で読み手を育てる「ごんぎつね」の授業』明治図書

根岸雅史ほか（2021）"*NEW CROWN English Series 3*" 三省堂

文部科学省（2018）『中学校学習指導要領（平成29年告示）解説　外国語編』開隆堂

文部科学省（2019）『高等学校学習指導要領（平成30年告示）解説　外国語編　英語編』開隆堂

Thorndyke, P.W.(1977). Cognitive structures in comprehension and memory of narrative discourse. *Cognitive Psychology, 9,* 77-110.

コラム ⑦

『REX派遣 —授業は日本語で行うことを基本とする—』

　REXとはRegional and Educational Exchanges for Mutual Understanding（外国教育施設日本語指導教員派遣事業）の略称です。文部科学省が総務省，地方公共団体と協力し，全国の公立中学校・高等学校の若手教員を対象として，海外の日本語教育を行う中等教育施設に2年間派遣するプログラムのことですが，現在は終了しています。

　筆者はこのプログラムにより，アデレード市（南オーストラリア州）にある公立のハイスクールに派遣されました。25年ほど前のことです。アデレード市の人口は当時100万人余り，温暖で暮らしやすい都市でした。

　派遣前には，東京外国語大学日本語教育センターにおいて，3か月余りにわたる日本語を教えるための事前研修がありました。様々な校種の22名の教員が日本語教育を集中的に学んだのです。派遣当時（1994〜1996年）のオーストラリアは観光業を中心として日本語熱が高まりを見せていた頃で，少しでも日本語が使えれば就職に有利になるからというのが日本語学習の動機として見られた時代です。筆者が勤務した学校では，日本語が必修科目とされていました。

　授業はオーストラリア人の日本語教師とのティームティーチングでしたが，打ち合わせ，教材作り，日本語を大学入試の受験科目に選択した生徒との面接練習など，授業（週24コマ程度）以外にも様々な仕事がありました。

　当時，日本語の教科書は数種類発行されていましたが，派遣先では "*KIMONO*" という教科書が使用されていました。その教科書は，文法中心のシラバスではなく，機能・場面を中心としたシラバスで構成されていました。授業では，場面に必要な表現や文法を導入した後，対話モデルを示し，実際に使わせて理解させ定着を図るといった指導がおもな流れでした。

　「やり取り」の練習で生徒が言いよどんだり，文法理解の不十分なことが見取られたりした際に，研修では直接法（オール・ジャパニーズ）による指導法を学んでいたにもかかわらず，つい親切心から説明を英語で加えるようになりました。拙い英語でもこの程度のことは説明できるぞといった見栄もあったのでしょう。そんなある日のこと，「はるばると日本から教えに来てくださっているのですから，もっと日本語を使ってください。少しばかり分からないことがあっても私は構いません。日本人が話す日本語を聴きたいし，習った表現を使って日本人と会話をしてみたいのです」と生徒から言われたのです。

　はっとさせられました。私が親切心からと思って取っていた行為は，学んだことを活用して使いたいという言語習得に欠かせない学習者の動機に水を差す結果を招いていたのです。学習者が日本語によるインプットを受けようとする絶好の機会を奪うことを，親切心にすり替えていたのです。それを転機として，授業中はできるだけ日本語を使うようにしました。そして，英語使用に関しては「適時」ということを考えました。生徒の表情から理解度を推し測り，使用する日本語を別の日本語に言い換えたり，繰り返したり，一緒に言わせたり，書き取らせたり，日本語を主な使用言語とするためにさまざまな工夫を試みました。英語使用については，理解のための効率性などからどうしても必要な場面に限りました。

　もしもあの生徒の的確な助言がないまま日本語教育の経験を終えていたならば，帰国後も英語によるインプットの機会を生徒からできるだけ奪う親切な指導を続けることになっていたに違いありません。

第8章

物語文を用いた指導の実際

この章では，物語文の「概要」を正確に捉えさせるための指導として，弦楽器の演奏の際に用いられる「調弦」と「勘所」ということばを使って，物語文の具体的な指導事例を説明します。
1. 「概要を把握する」は「だいたい理解する」ということではない
2. 「調弦（チューニング）」をする
3. 「勘所」を押さえる
4. 「勘所」を探る

Warm-up

今までに読んだ「物語文」の中で，今でも忘れられないものはありますか。また，感動を覚えるきっかけになった発問がありますか，それはどのような発問でしたか。「物語文」を言語材料習得の教材として終わらせないためには，教材研究の段階で何が必要でしょうか。

1. 「概要を把握する」は 「だいたい理解する」ということではない

第7章で確認しましたが，中学校，高等学校を通して「物語文」に関しては，「概要」を捉えることが目標となっています。そこで，「概要」を捉えるための手段として「物語文法」を活用した指導を「ごんぎつね」を例に取り説明しました。そして，Story Grammar (Thorndyke, 1977) の Rule number (1)〜

(4) を活用して物語文の構造を視覚的に理解する事例を「物語文」の概要把握の指導例として紹介しました。

　しかしながら，実際の指導上では注意することが一つあります。「物語文」のテキスト構造に関する知識を活用した読解に潜むワナです。すなわち，生徒を「読めたつもり」にしてしまうワナです。第7章で確認したように，「物語文」の概要にはテーマが的確に含まれている必要があります。「ごんぎつね」の例では，「いたずらぎつねのごんが，最後に兵十に撃ち殺される話」では「物語文」としての概要として不十分であることを確認しました。では，「物語文法」を活用して，「物語文」を構成している重要な要素であるテーマを的確に捉えさせるためには，どのような指導が必要になってくるのでしょうか。

　生徒が「物語文」のテーマに迫れるかどうかは，教師の教材研究の深さ次第であり，教材を単なる言語材料習得の具として捉えていては，心情反応も起こらず物語を読む楽しさや感動を味わえる日はやって来ません。では，和訳をすれば英文の細かな部分まで理解することになり，結果として読みは深まるのでしょうか。和訳は母語を活用した理解の手段として否定するものではありませんが，日本語に直せるということと読みが深まるということは等価ではありません。深く正確な読解は相応の和訳を担保しますが，和訳自体が深く正確な読解を担保しないからです。というのも，予習として和訳を課した場合，生徒は授業中に和訳例を聞きながら，自分の日本語を修正することに注意が向いてしまうからです。英文を読んだ時の読解プロセスの修正にはならないのです。では，教師は深く正確な読解をさせるために，教材研究では何に気をつけておくべきなのでしょうか。

　まず第一に，教師が生徒に読ませる「物語文」に一度読者として向き合ってみることが非常に重要です。生徒が「物語文」をつまらなく思うのは，教師が言語材料の習得のために「何を知識として身につけさせるか」の視点で教材に向き合うことに原因があります。そのような読み方ではどうしても言語材料の習得に偏った発問が多くなり，登場人物の心情を探る発問からは徐々に遠ざかっていきます。

　次に，読者として教材に向き合ったときに起きる心情反応の根拠を「物語文」

の中で推論し，根拠を基にして物語のテーマを言語化してみることが必要です。そうすることで，物語のどこに着目させれば生徒をテーマに迫る読み方に導いて行けるかが明らかになりますし，深く正確な読解へと導く（誘導的と言う意味ではなく，思考力を要するという意味での）発問の着想を得ることができます。そして同時に，事実を問う発問，推論を要する発問，評価に関する発問（自分ならどうするか）などの発問についての見通しが持てます。このように，物語の核心へと迫る教師の読みこそが教材研究そのものであると言えるのです。

2．「調弦（チューニング）」をする

　弦楽器を演奏する前に必須となるのが，「調弦（チューニング）」という作業です。例えば，ギターは6弦から成り，何も押さえないで鳴る弦（開放弦）の音程は弦ごとに決まっていて，まず各弦の音程を合わせます。「調弦（チューニング）」が狂っていると演奏しても音楽になりません。現在は，電子チューナを利用すれば，誰でもやすく音程を合わせることができますが，弦を締めたり緩めたりする作業は人間がしなくてはなりません。

　第7章で紹介した「物語文法」を活用し，深く読み込む前に「物語文」の構成要素を分析的に確認させる指導段階がまさにこの「調弦（チューニング）」の段階と言えます。読者の皆さんは，オーケストラが開演前に一斉に同じ音を出している場面を見たことがあると思います。あれがチューニングをしている場面です。演奏の準備段階としてこの作業が必須であるように，「物語文」を教材として利用する際には，全体的に読みを深めるための準備として物語の概要を形式的な側面から内容の理解をそろえておく必要があります。ここでは，その指導の具体例を詳しく紹介します。

　指導に用いた教材は，"*A Sandpiper to Bring You Joy*" という短編で，"*Chicken Soup for the Soul*" という本のシリーズに収められています。かつては，高等学校の検定教科書にも教材として採用されていたようですが，普通の人々の生活を描く中で読者の心を温める良質な短編集となっていて，「物語

文」の教材の宝庫と言ってよいくらいです。

　物語は，白血病を患う少女が療養中に浜辺で主人公と出会う場面から始まります。主人公は病気の母親を抱えて日々の生活に心身ともに疲れ切り，心を閉ざしている人物として描かれています。そして，明るく屈託のない少女を最初は疎ましく感じながらも，やがて無意識のうちに主人公の心が開かれていきますが，母を亡くした後に再会する少女とのふとした言葉のすれ違いが引き起こす取り返しのつかない事態から，人を愛することの本質に気づく物語です。

　指導は最初に「ごんぎつね」と同様，「物語文法」の枠組みを活用したワークシート（表8.1）を配付し，設定・テーマ・エピソード・結末等の構成要素の確認をして概要を把握させます。「ごんぎつね」で用いたワークシートと異なる点は，エピソードを分析する箇所を「チャプターとシーン」という本来Thorndyke（1977）の「物語文法」にはない構成要素で示している点です。「チャプターとシーン」はエピソードの下位要素ではなく，場面を頭に描きながら読むことを目的として，映画やドラマがDVDに編集される際に用いられる技法を参考にしたものです。このタスクは田尻（2014）が提案している「テレビ・映画的な活動：場面（シーン）とカットはいくつ？」をもとに作成しました。田尻はこの活動を次のように説明しています。

　　　高校の教科書や、中学2・3年の教科書に比較的多く見られる narrative なパートで行う活動。中学教科書では Reading の単元を探してみるとよい。
　　　教科書本文をテレビ化、あるいは映画化するとして仮定して、場面（海辺、ホテルのロビー、レストランなど）とカット（複数のカメラで収録し、どのカメラで映している映像を選ぶかを決めて編集者がカメラを選んだり切り替えたりすること）の数を数えるという活動。（田尻, 2014, p.18）

　田尻（2014）はこの活動の長所を「生徒が文章を精読しなければならないことにある」（p.19）としています。この事例で扱った文章全体ではカット数が多くなり処理しきれないことから，カットは省略し場面（シーン）を最小の単位としました。さらに，物語の中では複数のシーンがまとまって上位階層であるチャプターを構成しますので，そのまとまりをより可視化しやすいように

表8.1 *"A Sandpiper to Bring You Joy"* の概要を捉えるためのワークシート例

設　　定	・「病気の_____を抱え、_____余裕のない」ルース・ピーターソン ・「_____を患い、療養中の６歳」のウィンディ ・ウィンディが療養中の近くの浜辺
テ ー マ	白血病で亡くなる少女との言葉のすれ違いが生んだ_____ _____主人公の心の変容。
エピソード （チャプター とシーン）	「チャプター１」【出会い】 　①ウィンディと出会い言葉を交わす　②シギについて語るウィンディ　③空を舞うシギを見つめる主人公　④名前のやり取りの後立ち去る 「チャプター２」【あのビーチへ】 　①最近の出来事の回想 　②_____ 「チャプター３」【再会】 　①ウィンディに偶然再会する 　②いやいやながら会話に応じる 　③歩き出す二人 　④_____ 　⑤上の空で会話に応じる主人公とおしゃべりを楽しむウィンディ 　⑥_____ 「チャプター４」【　　　　　　　】 　①パニック状態で浜辺へ急ぐ 　②_____ 「チャプター５」【後悔と悲しみ】 　①ウィンディの母親との会話中、自らの心情の変化に気づく 　②_____を知る 　③_____ 　　を渡される 「チャプター６」【　　　　　　　】 　①書斎にかかる額入りの絵と６つの文字
結　　末	ウィンディに会うためにコテッジに向かうが、 _____。

（「物語文法」における構成要素の１つである "Resolution" について，ここでは生徒が理解しやすいように「結末」という訳語を用いています）。

チャプター・タイトルを考えさせるなど田尻のモデルを改変しています。

　このワークシートは物語文の構成要素を可視化し，概要把握のために抽出すべき情報を整理してくれます。生徒にこの物語のテーマが「白血病で亡くなる少女との言葉のすれ違いが生んだ後悔と悲しみの中から，人を愛することの本質に気づく主人公の心の変容」であることを理解させ，概要の重要な一部として取り込む必要があるのですが，テーマを含む的確な概要把握までにはもう少し読みを深化させる必要があります。

　一般的に，「設定」「エピソード」「テーマ」「結末」に含まれる情報を整理するためには主に事実を問う発問が先行し，テーマが曖昧なままに終わってしまうことが多いようです。そのため，生徒の側の心情反応を引き出すことなく，時系列に物語に書かれている事実を列挙して終わる再話（リテリング）活動までが精一杯の指導となることがあります。

　概要把握をするための読解スキルとして，Thorndyke（1977）の「物語文法」は多くの「物語文」への適用が可能です。卯城（2009, p.36）によると，このようにして身につけていくテキスト構造に関する実際的な体験が「形式スキーマ（formal schema）」として読解において重要な役割を担うとしています（Carrell, 1985）。つまり，物語文の構成要素を意識して読むことによって，物語の展開が予測しやすくなり，概要が捉えやすくなるということです。

　しかしながら，流暢なリーディングを支えているのは概要把握ができるという単一の技能だけではないようです。伊東（2016, pp.27-28）は，読解におけるインタラクティブ・アプローチの視点から，複数のインタラクション・モデルに共通する要素を「数多くの操作と処理技能からなる多面的な探求である」（Koda, 2011, p.463）とし，L2リーディングを支えるサブ技能のモデルの一つとして，Koda & Zehler（2008）が提示する次の9つの技能を紹介しています。ここで言うサブ技能とは，リーディングをメインの技能として捉えた場合に，そのメイン技能を実行するために必要な技能を分類し示しているものです。

⑨　行間推論：行間を埋めるために明示されていない情報を推論

⑧　文章理解：談話標識から文の繋がりを理解し、文章全体の意味を把握

⑦　語彙推測：　単語の構成や前後の文脈に基づき未知語の意味を推測

⑥　概要把握：　主題に関連する情報からテキストの概要を把握

⑤　文意理解：　文法・語法に基づき個々の単語の意味を総合し文意を理解

④　語義認知：　記憶から単語の意味を認知

③　語形処理：　語形（形態素）から単語の文法的特性を認知

②　正書処理：　スペリングを頼りに単語知覚

①　文字変換：　文字を音声情報に変換

（数字が高いほどサブ技能のレベルが高位であることを表しています）

　本事例における「物語文」のテキスト構造のモデルを活用した読み方は「⑥『概要把握』」であり，比較的高位にあるサブ技能であると言えます。伊東（2016, p.32）は，学習が進むにつれて，「ボトムアップ的な読み方とトップダウン的な読み方の配合の変化」に加えて，参照される「サブ技能の意識度」も変化すると指摘しています。つまり，サブ技能の依存への意識度が下がり，下位のサブ技能ほどその活用が無意識的になるということです。物語文法が「形式スキーマ」として読み手に保持されるまでには，相応の時間と経験が必要なことはもちろんですが，初級段階の学習者にとって明示的に示された物語文法の枠組みは，生徒に技能を意識的に活用させる必要があるという視点からも利用価値の高いものではないでしょうか。

　加えて，国立教育政策研究所（2013, pp.69-70）は，「知識については、階層的に整理する一方で，認知プロセスのレベルに着目することが重要である」と指摘した上で，『教育目標の記述にあたっては，知識の次元と認知プロセスの次元を組み合わせ，たとえば，「児童（生徒）は，「知識」を「動詞」することができる。」のように表現する工夫が考えられる』と指摘しています。『「知識」を「動詞」する』とは，例えば，「読んだ内容」を「分類・編成する」などのことを意味しています。この指摘は，新学習指導要領における資質・能力の柱の一つである「思考力」をどのように育成すればよいかという課題に対して，「思考のすべ」という「言語化されたスキル」を意識的に用いることができるようにするために，授業計画のどこに工夫・改善の余地があるかを考えるため

に示された重要な指針であると思われます。

　例えば，紹介した事例においては，生徒は小学校で内容も理解していたはずの「ごんぎつね」ですらその概要を的確に捉えることが困難でした。おそらく，概要を把握するための「思考のすべ」を行使することができなかったか，あるいは「すべ」自体を生徒が身につけていなかったことが原因であると推測できます。したがって，「思考のすべ」という観点からここまでを分析すると，「概要」を捉えることを目的として用いた「物語文法」は，「読んだ内容」（知識）を「分類・編成する」（動詞）ためのプロセスとして機能し，「概要把握」というサブ技能を可視化する活動であると解釈することができます。

3．「勘所」を押さえる

　「勘所」とは，「（三味線などで）必要な高さの音をだすために，弦を押さえる所」が原義とされ，「その事をうまくやるうえで，はずしてはならない最も大切なところ」として「勘所を押さえる」などと日常で使われている表現です。

　一般に，ギターなどの弦楽器にはフレットと呼ばれる指板上に打ち込まれた金属棒があります。1フレットごとに半音ずつ上下する間隔で打ち込まれていて，押さえるフレットの位置さえ正しければ，誰でも正確な音程で弾くことができます。もちろん，演奏前に調弦（チューニング）が正しくなされていることが前提であることは言うまでもありません。

　ところが，三味線などの弦楽器にはこのフレットがありません。押さえる場所が少しでもずれていると正しい音程を引き出すことができないのです。そこで，正しい音程を出すために押さえるべき正確な位置を「勘所」と呼んでいるのです。

　「物語文」の読みを深めるためには，この「勘所」を正しく押さえる必要があります。そのための支援として，フレットのような働きをする発問に配慮することで，正しい音程つまり正確な読解に導くことができるのではないかと考えられます。

　"*A Sandpiper to Bring You Joy*" が奥行きのある物語として理解されるた

めには，登場人物の心情を言動や行動から推測したりしながら，英文を正確に
理解することが必要になります。主人公は少女とのやり取りを通して，それま
で閉ざされていた心がしだいに開かれていき，疎ましく思っていた少女から実
は癒されていた自分がいることに気づくのですが，少女との「ある言葉」のや
り取りから生じてしまった「誤解」が取り返しのつかない結末へとつながる箇
所を正確に読み取らなければ，主人公の心情に迫ることができず，主人公が抱
いた深い後悔と悲しみを理解することができません。

　そこで，前項で紹介した9つのサブ技能のうち，「⑤文意理解：文法・語法
に基づき個々の単語の意味を総合し文意を理解」を活用して，次の2つの発問
（A, B）を「勘所」として提示します。

　次の場面では，母親を亡くした直後の主人公が他人との関わりを避けたく思
いながら，再会した少女を疎ましく感じている様子が描かれています。この時
点ではまだ主人公は少女の病名は知らず，顔色がいつになく悪く息を切らして
いることには気づいていますが，自分本位のまま少女に辛く当たっている場面
です。

発問A　どのような「誤解」（misunderstanding）が生じていたのか。

"Three weeks later, I rushed to my beach in a state of near panic. I
was in no mood to even greet Windy. I thought I saw her mother on the
porch and felt like demanding she keep her child at home.

"Look, if you don't mind," I said crossly when Windy caught up with
me, "I'd rather be alone today." She seemed unusually pale and out of
breath.

"Why?" she asked.

I turned to her and shouted, "Because my mother died!" --- and
thought, my God, why was I saying this to a little child?

"Oh," she said quietly, "then this is a bad day."

"Yes, and yesterday and the day before that and --- oh, go away!"

"Did it hurt?"

"Did what hurt?" I was exasperated with her, with myself.

"When she died?"

"Of course it hurt!" I snapped, misunderstanding, wrapped up in myself. I strode off." (p.10)

　この場面の「勘所」は，主人公と少女がお互いに使っている "hurt" の意味の違いに気づかせることです。たいていの場合，生徒は「他動詞」での用法「〜を傷つける、〜にけがをさせる」からこの会話の意味を探ろうとします。加えて，どちらも同じ意味で使っているという思い込みがあります。したがって，この "hurt" が「自動詞」の用法であるのか「他動詞」の用法であるのか，また「誤解」を生んだ "hurt" の意味の違いを主人公と少女が置かれているそれぞれの状況から分析的に探らせる必要があるのです。

　では，このような時の支援としてどのような方法が考えられるでしょうか。英和辞典を参照させるのも一つの方法でしょう。しかし，生徒は日本語の定義の違いに注意を向けがちで，日本語で会話を理解しようとしてしまいます。そこで，英英辞典の定義を全体に示し，英語から意味の違いの認識をスタートさせるのです。その後，生徒の手元にある英和辞典でも確認させ，意味の違いと本文の会話を行ったり来たりするうちに必ず「あっ！」という声があちこちから上がります。「気づき」の瞬間です。この活動はペアやグループで行わせるのがより効果的になります。意味の違いに気づいた生徒は，まだ気づいていない生徒に自分の推測を説明し，気づきを促された生徒もその推測が正しいことが分かります。答えを教え合っているのではなく，学び合っている姿として捉えることができるのではないでしょうか。

　なお，最初に教師が生徒に示す英語の定義としては，次のようなもので十分でしょう。

hurt

1 to make someone or something feel pain

I fell and hurt my leg.

Did you hurt yourself ?

These shoes hurt - they're too small.

2　to feel pain

My leg hurts.

3　to make someone unhappy

I never meant to hurt your feelings .

(Oxford Basic American Dictionary, Oxford University Press, 2010)

このような支援をすることで，末期であることに薄々勘づいている少女は
「死は痛みを伴うのか」という文脈で，主人公は「母親を亡くして辛い」とい
う文脈で，それぞれ "hurt" を異なった意味で用いていることを生徒が理解し
ます。物語ではこの意味のすれ違いがお互いに修正される機会がなく，後に療
養先のコテッジで少女の母親から主人公に彼女の死を告げられる場面が訪れま
す。少女から無償の愛を受け，閉ざされていた心が開き，人を愛することの大
切さを感じ取っていた主人公にとって，少女の死の直前に交わした言葉のやり
取りに対する後悔の念の深さは想像に難くありません。そしてまた，後にその
ような事情を知らない母親と交わした言葉のやり取りの理解にも，修正されな
かった "hurt" の意味のすれ違いは大きく影響することになります。そこが2つ
目の「勘所」となり，発問Bを提示します。

発問B "I'm sorry." は，「謝罪」か「同情」か。

She handed me a smeared envelope, with MRS. P printed in bold,
childish letters. Inside was a drawing in bright crayon hues, a yellow
beach, a blue sea, and a brown bird. Underneath was carefully printed:

A SANDPIPER TO BRING YOU JOY

Tears welled up in my eyes, and a heart that had almost forgotten
how to love opened wide. I took Wendy's mother in my arms. "I'm sorry,
I'm sorry, I'm so sorry," I muttered over and over, and we wept togeth-
er. (p.11)

　発問Aで「誤解」の内容が理解できれば，少女が会うのを楽しみにしていた
主人公から「死が痛みを伴うのは当然」と聞かされて亡くなっていった少女の
気持ちも，亡くなった少女に対して主人公が抱く後悔の念もより深く理解でき
るようになります。

　では，この場面の "I'm sorry." は，主人公の深い後悔からくる謝罪の言葉
としてのみ解釈すべきなのでしょうか。幼いながらも，母親を亡くした主人公
の気持ちに寄り添ったり，無邪気に主人公との会話を楽しんだりしていた場面
における少女の言動などから推論すれば，誤解を含んだやり取りの内容である
「死が痛みを伴うのは当然」と主人公から言われたことを，母親が少女から聞
いて知っていたようには思えません。事実，コテッジを訪れた主人公に対して，
いつも少女がまといつき迷惑をかけた旨を母親がまず詫びている場面が描かれ
ていることからもそのことが推論されます。したがって，この場面での主人公
の "I'm sorry." は，身内を亡くした者に対する「同情」（お気の毒に）という
意味で母親が解釈していると推論することができます。では，主人公は誰に向
けて "I'm sorry." と発言しているのでしょうか。主人公の使っている意味は
「謝罪」であり，母親ではなく自分のひどい言葉を受けたまま亡くなった少女
に向けて「謝罪」しているのです。このことは，主人公が母親を腕に抱いて謝
罪の言葉を数度 "mutter" している状況からもそのことを推論することができ
ます。

　このように，生徒にとって "hurt" や "sorry" のように生徒にとって比較的
接触回数の多い単語であっても，文脈の中で正確に理解しなければ深い読みに
つながらないことがしばしばあります。和訳のみではこのように読みを深める
ことは困難です。試しに，引用した個所を全文和訳してみてください。和訳か
らでは説明のできない深みのある教材であることが実感できるはずです。

4．「勘所」を探る

　では，第7章で用いた教材 "A Present for You" を例にして，読みを深めるためにはどのあたりが「勘所」となるのか，また「勘所」を押さえるための「発問」をどのように作成すればよいかについて，教材研究の段階から考察してみましょう。

　まず，この物語はご承知のように O. ヘンリーが1906年（明治39年）に発表した短編作品で，原題は "The Gift of the Magi"（「賢者の贈りもの」）として有名な作品です。教科書では原典から次の最後の部分が省略されています。

　'Dell," said he, 'let's put our Christmas presents away and keep 'em a while. They're too nice to use just at present. I sold the watch to get the money to buy your combs. And now suppose the chops on.'

　The magi, as you know, were wise men-wonderfully wise men-who brought gifts to the Babe in the manger. They invented the art of giving Christmas presents. Being wise, their gifts were no doubt wise ones, possibly bearing the privilege of exchange in case of duplication. And here I have lamely related to you the uneventful chronicle of two foolish children in a flat who most unwisely sacrificed for each other the greatest treasures of their house. But in a last word to the wise of these days, let it be said that of all who give gifts, these two were the wisest. Of all who give and receive gifts, such as they are wisest. Everywhere they are wisest. They are the magi.

　もちろん，この部分を教材に埋め戻して生徒に読ませようということではありません。教材研究としては，教師がこの部分を押さえておくべき必要があると思い示したものです。この部分を読めば，「クリスマス」「贈りもの」「賢者」などのキーワードから，キリスト教を背景とした文化，クリスマス・プレゼントの由来などを理解することができます。そして何よりも，この物語のテーマ

に迫るためには，最後の"They are the magi."（彼らこそが賢者である）ということの意味を深く考えることが教材研究として教師に求められます。

　おそらく，生徒の中にはこの物語のテーマを「クリスマス・プレゼントをめぐる行き違いが生んだ皮肉で切ない物語」のレベルで捉え，そこを越えられないことが考えられます。この物語の「勘所」は「ジムとデラが互いに贈り合ったものの本質」を登場人物の言動や行動から推論させることにあります。そこにこの物語のテーマがあります。

　東方の賢者（the magi）の贈り物は重なることもなく無駄のない贈り物として描かれています。一方，この物語の二人の贈り物は，皮肉にも結局は無駄になってしまいます。しかし，お互い自分にとって最も大切なものを犠牲にして手に入れた贈り物が無駄になったことは物語の「結末」を示していても，「テーマ」を示してはいません。この物語のテーマは「愛」であり，「相手を思いやる心」です。この二人の贈りあったものは，「愛」そのものなのです。本来，贈り物とは「愛」に添える印として贈られるものなのです。すれ違いが生んだ皮肉な結末がテーマそのものではないことが分かると思います。つまり，原文で"the uneventful chronicle of two foolish children in a flat who most unwisely sacrificed for each other the greatest treasures of their house"でありながら，"Everywhere they are wisest. They are the magi."と筆者が最後に述べている理由を教師は教材研究を通して理解しておき，生徒をこのテーマに迫らせる発問の工夫をする必要があるのです。

　では，「勘所」を押さえるための発問について考えてみましょう。教科書の本文は，"He sat down on a chair and smiled at her."という一文で終わります。そこで，ここまでの英文の内容の解釈で終わるのではなく，この後ジムがデラにどのような言葉をかけたかを考えさせれば，読みが一気に深まるのではないでしょうか。つまり，傍観者のような読み方ではなく，登場人物の言葉そのものを自分事として探らせるのです。このような発問は Personal Questions（個人に関わる発問）と呼ばれます。

　それでは，「勘所」を押さえ，テーマに迫る読み方となるように下線部を中

心として，Factual Questions（事実関係を尋ねる発問），Inferential Questions（推論を求める発問），Personal Questions（個人に関わる発問）のレベルからできるだけ多く発問をを考えてみてください。

教材：READING FOR FUN 2 "A Present for You", *NEW CROWN English Series 3*, pp.122-125. 三省堂

<u>One dollar and eighty-seven cents.</u> That was all. Della counted the money again. One dollar and eighty-seven cents.

The next day was Christmas. Della wanted to buy a present for her husband, Jim, but they were poor. One dollar and eighty-seven cents was not enough.

She stood by the window and looked out. It was snowing. <u>She saw a large gray cat that had large gray eyes. It was walking slowly on a gray fence in the gray yard. Everything looked gray.</u>

"I'll have to sell something," she said to herself. "But is there anything to sell?"

Della went up to the mirror and stood before it. She looked at herself in the mirror. She thought that <u>she looked exhausted.</u> She looked at her long, shiny hair. "I know Jim loves it, but it's all I have," she thought.

Della went to a shop that dealt in hair goods. It was only a few blocks away from her apartment. <u>In the shop, she saw a large woman who had cold eyes.</u>

"Will you buy my hair?" she asked the woman.

"I buy hair," said the woman in a low voice. "Take your hat off. Let me look at it." Della took off her hat.

"<u>Twenty dollars,</u>" said the woman.

"OK," Della accepted her offer.

Della took the money and hunted all over town to find Jim's present. She found it at last. She bought a gold watch chain. It was <u>twenty-one</u>

dollars.

"Jim's gold watch will look nice on this chain," she thought.

When Jim married Della, he showed her a gold watch. "My father gave me this watch," he said. The gold watch was his only treasure, but he did not have a chain for it.

It grew dark, and soon Jim came back. He was knocking the snow off his shabby coat, but suddenly he stopped.

"Jim!" cried Della. "Don't look at me that way. I had my hair cut off and sold it because .... It's Christmas, Jim. Let's be happy. I've got a nice present for you."

"I've got a nice present for you, too." Jim slowly took out a small wrapped box and put it on the table.

Della opened it and saw a set of combs with jewels on them.'

"Oh, Jim!" cried Della. Tears ran down her face.

They were both silent for a while. At last Della looked up, smiled, and said, "My hair grows very fast." She took out the watch chain that was shining beautifully. She showed it to him and said, "You like it, don't you? You'll have to look at the time a hundred times a day now."

"Della, my dear wife," said Jim. "I sold my watch to buy your combs."

He sat down on a chair and smiled at her, **and said** _____ .

【参考・引用文献】

伊東治己（2016）『インタラクティブな英語リーディングの指導』研究社

卯城祐司（2009）『英語リーディングの科学―「読めたつもり」の謎を解く』研究社

国立教育政策研究所（2013）『平成24年度 プロジェクト研究調査研究報告書　初等中等教育
　―02　教育課程の編成に関する基礎的研究　報告書５　社会の変化に対応する資質や能力
　を育成する教育課程編成の基本原理〔改訂版〕』

小橋雅彦（2020）『正確な英語リーディングを目指したインタラクション・モデルの在り方

— Top-down 処理と Bottom-up 処理の実践的融合—」, 尾島司郎・藤原康弘編『第二言語習得論と英語教育の新展開』金星堂, pp.73-93

田尻悟朗（2014）『田尻悟朗の英語教科書本文活用術！—知的で楽しい活動＆トレーニング集—』教育出版

根岸雅史ほか（2021）*"NEW CROWN English Series 3"* 三省堂

Carrell, P.L. (1985). Facilitating ESL reading by teaching text structure. *TESOL Quarterly*, 19, 727-752.

Henry O. (1995). The Gift of the Magi. *100 Selected Stories O. HENRY*. Wordsworth Editions.

Hilbert M. S. (2012). A Sandpiper to Bring You Joy. In Jack Canfield, & Mark V. Hansen (Eds.), *A 3rd Serving of Chicken Soup for the Soul, More Stories to Open the Heart and Rekindle the Spirit* (pp.8-11).

Koda, K. (2011). Learning to read in new writing systems. In M. H. Long & C. J. Doughty (Eds.), *The handbook of language teaching* (pp. 463-485). Oxford: Wiley-Blackwell.

Koda, K., & Zehler, A. M. (Eds.). (2008) *Learning to read across languages: Cross-linguistic relationships in first- and second-language literacy development*. New York: Routledge.

コラム ⑧

『Visual Thinking Strategies (VTS)』

　絨毯の上に寝そべる猫を親指と人差し指でつまんでいるように見える写真が示され,「画像について思うことを述べよ」という問題が2016年に東京大学で出題されました。

　予備校が公表した解答例を比較してみると, 大部分がこの写真が「トリック画像」であることを説明し,「トリック画像」について一般的な考えを述べているものでした。つまり, 示された画像そのものについての考えではなく,「トリック画像」という一般化された概念についての考えを述べたものが目立ちました。果たして, 東京大学はそのような解答を期待していたのでしょうか。「画像について思うことを述べよ」とは, 何を問いかけたのでしょうか。このことを考えるヒントが Visual Thinking Strategies (VTS) にあるのではないかと思います。

　VTSとは, ニューヨーク近代美術館の教育部部長を務めていたフィリップ・ヤノウィンが中心となって開発した美術鑑賞法のことです。美術鑑賞と言うと, 作品の背景や作者の製作意図等の理解を中心とした鑑賞法を一般的に思

い浮かべますが，VTSでは作品の背景を問うことはなく，作品そのものへの理解に迫り，作品を見て何を感じ，何を考えたかを重要視します。VTSが目指すのは，「観察力」「批判的思考力」「コミュニケーション力」の育成です。VTSでは，次の３つの質問を柱として対話的に作品を鑑賞し，自分の考えを言語化します。正解となるような答えはありませんが，どうしてそのように考えたかについての根拠を作品の中に求めなくてはなりません。

What's going on in this picture?
What makes you say that?
What else can we find?

　VTSを東京大学の問いかけに重ねてみます。「このような画像を何と言うか」と問われているのではないことがよく分かると思います。「画像について思うことを述べよ」とは，"What's going on in this picture?", "What makes you say that?" と問いかけているのではないでしょうか。これは美術の試験ではなく英語の試験ですから，そのような問いかけに対して思考した内容を，まとまりのある正しい英語で述べられたどうかが評価されたのではないでしょうか。

　VTSについては，『学力をのばす美術鑑賞　ヴィジュアル・シンキング・ストラテジーズ：どこからそう思う？』（淡交社）に詳しく解説されており，英語教育においても参考となる点が多く含まれています。例えば，教科書に掲載されている写真などを英語による描写の材料として終えるのではなく，考えや気持ちを表現したくなるようにさせる指導技術としての価値は大いにありそうです。

　ちなみに，2017年の東京大学の問題は，「あなたがいま試験を受けているキャンパスに関して，気づいたことを一つ選び，それについて60語〜80語の英語で説明しなさい」というものになりました。予備校等の講評の中には「受験生の意表を突く問題であった」というものがありました。しかしながら，視覚資料が示されなかったことで受験生の「観察力」「批判的思考力」「コミュニケーション力」を問う意図がより明確になった良問であると言えないでしょうか。「意表を突かれる」というのは，「準備ができていなかった」ということを意味します。言いたいことを湧き上がらせ，頭の中のメッセージをきちんと言語化できるようにする指導をどれだけ受けてきたかが問われたのです。

おわりに

　本書を執筆するきっかけは，筆者が勤務するノートルダム清心女子大学で
「教材研究入門」という科目を担当したことでした。「教材研究」のないところ
に授業は成立しませんし，そこにごまかしなどは通用しません。筆者は自分の
経験によってその不易を知っています。

　「教材研究」について自分の授業に都合よくまとめられた資料など存在する
わけもなく，自作のプリントで対応するしかありませんでした。手前味噌なが
ら自作のプリントで続けた授業への反応は決して悪くなく，時間割の関係で履
修できなかったのでプリント資料だけでも入手したいという声や，一度履修し
単位も取得したがもう一度授業に参加させてほしいという声も聞かれるように
なりました。教育実習や教員採用試験を控えたそうした学生たちの熱意にも背
中を押され，授業で使用したプリントに改訂を重ねながら本書にまとめること
にしました。

　本書は，英語教育学におけるさまざまな研究成果から学ばせてもらったもの
を，筆者の現場での経験と擦り合わせながらまとめていることは言うまでもあ
りません。執筆にあたっては，英語教師として教壇に立とうとしている学生や
英語教師としての実践経験がまだ浅い先生方を常に念頭に置きました。した
がって，先人らが残してくれた優れた研究成果や実践例を紹介して「あとは
やってみなさい」という構成にはしていないつもりです。教科書の単元を用い
たり，筆者の実践例をもとにしたりして実例を示しました。

　本書を執筆するにあたっては，多くの参考文献に助けられました。根岸雅史
先生からは，「外国語習得の大まかなプロセス」が現場の教師にとって至極腑
に落ちる概念であると判断し，言語活動を中心とした単元の指導計画の核とし
て紹介させていただきました。また，伊東治己先生からは，リーディング指導
における教材研究への示唆という視点から多くの学びを随所に引用させていた
だいています。伊東先生が広島大学附属中・高等学校に勤務されていた当時に

150

学生の立場で中学校の授業を参観する機会があり，その授業の厚みに圧倒された
ことを記憶しています。

　本書の執筆にあたって多くの方々のお世話になりました。この場をお借りして，みなさまに心からお礼を申し上げます。広島大学附属中・高等学校の山岡大基先生には，公開授業の「単元観」「指導観」を実資料として掲載する旨の依頼に快く応じていただきました。都合よく説明に使えるものを自分で作成してもよかったのですが，本物からしか学べないものがあるという思いがありお願いをしました。

　原稿の段階では，本学英語教育センターの同僚である，調子和紀先生，高橋昌子先生からは貴重なご意見，ご指摘をいただきました。また，同センターの平松芽生さん，関戸香奈さんは，自作のプリントを利用していた「教材研究入門」の授業の時代からの読者でした。学生の視点からその都度もらった指摘は改善点として大きく生かされました。心から感謝いたします。また，長く勤務した岡山の公立高校から広島大学附属中・高等学校へ，そして郷里の大学へと環境を変える中で，家族の支援がなければ研究の道へ進むことはできませんでした。この場を借りて感謝の意を伝えたいと思います。

　本書には自分の実践も含めているのですが，特に，国の指定事業であるSELHi（Super English Language High School）に携わり研究開発を行った当時の岡山県立岡山城東高等学校の先生方，広島大学附属中・高等学校に勤務した当時の先生方からの学びが本書の実践には多く含まれています。そして，何よりもその実践の場を共有することができた生徒の皆さんとの授業そのものが本書の大きな支えとなっています。

　コラム「まあ，こんなもんかいのぅ」は，広島大学附属中・高等学校における教育実習で南村俊夫先生からいただいた筆者の授業へのコメントです。すでに先生は故人となられ，本書を手に叱咤激励をいただくことは叶いません。しかし，本書の執筆中には常に先生から「それじゃ，読者はついてこんわいね」と励まし続けられました。南村先生との出会いは，筆者の英語教師としての原点となっています。

　最後になりましたが，今回本書の刊行にご尽力いただきました大学教育出版

の佐藤守様，出版助成によって本書を公表することを可能にして下さいました
ノートルダム清心女子大学に厚くお礼申し上げます。

　2021年4月

小橋　雅彦

■著者略歴

小橋　雅彦（こばし　まさひこ）

ノートルダム清心女子大学文学部准教授（英語教育学）。
1962年岡山県生まれ。
広島大学教育学部卒業。
岡山県公立高等学校教諭，指導教諭，広島大学附属中・高等
　学校教諭を経て，現職。
1994年〜1996年，『外国教育施設日本語指導教員派遣事業』
　（REXプログラム，文部科学省）による南オーストラリア州
　派遣。現地中等教育施設にて日本語教育に従事。
2008年，文部科学大臣優秀教員表彰。

主な著書や検定教科書（いずれも共著）

松浦伸和（編）『[平成24年度版]観点別学習状況の評価規準と
判定基準［中学校外国語］』（図書文化社），尾島司郎・藤原康
弘（編）『第二言語習得論と英語教育の新展開』（金星堂），横
川博一ほか（編）『クラウン論理・表現Ⅰ』（三省堂）など。

若い英語教師のための教材研究入門

2021年4月20日　初版第1刷発行

■著　　者 ── 小橋雅彦
■発 行 者 ── 佐藤　守
■発 行 所 ── 株式会社 大学教育出版
　　　　　　　〒700-0953　岡山市南区西市855−4
　　　　　　　電話(086)244-1268(代)　FAX(086)246-0294
■D　T　P ── 難波田見子
■印刷製本 ── モリモト印刷(株)

ISBN978-4-86692-129-7